Nikola Hild
Katharina Hild

Himmlische Schätze

Nikola Hild | Katharina Hild

Himmlische Schätze

Kirchen, Klöster und Kapellen in Oberschwaben

Silberburg-Verlag

Die Autorin:

Nikola Hild, geboren 1958 in Tübingen, studierte ebendort Empirische Kulturwissenschaft und Germanistik. Sie war langjährige Mitarbeiterin auf Burg Hohenzollern und Schloss Lichtenstein. Zu beiden Sehenswürdigkeiten hat sie zusammen mit ihrer Schwester Katharina bereits Bücher verfasst. Heute ist sie als Gästeführerin in Tübingen tätig.

Die Fotografin:

Katharina Hild, Jahrgang 1962, ist gebürtige Tübingerin. Nach Abschluss ihres Ingenieurstudiums gründete sie 1988 die Bildagentur Hild. Daneben arbeitet sie als Foto-Designerin mit den Schwerpunkten Architektur, Kunst, Stillleben und Food. Sie ist verheiratet und lebt in Reutlingen.

◆ Einbandvorderseite: Blick in die Zentralkuppel der Basilika Weingarten.
◆ Einbandrückseite: Kloster Ochsenhausen im Frühling.
◆ Seite 2/3: Blick auf Bad Waldsee mit der Stiftskirche St. Peter.

1. Auflage 2014

© 2014 by Silberburg-Verlag GmbH,
Schönbuchstraße 48, D-72074 Tübingen.
Alle Rechte vorbehalten.
Umschlaggestaltung: Anette Wenzel, Tübingen, unter Verwendung eines Fotos von Katharina Hild.
Druck: Himmer, Augsburg.
Printed in Germany.

ISBN 978-3-8425-1302-0

Besuchen Sie uns im Internet und entdecken Sie die Vielfalt unseres Verlagsprogramms:
www.silberburg.de

Inhalt

Vorwort — 6

Das Ulmer Münster — 10

Pauluskirche Ulm — 16

Benediktinerabtei Wiblingen — 22

Pfarrkirche zum
    heiligsten Namen Jesu Oberdischingen — 28

Pfarrkirche St. Peter und Paul Laupheim — 34

Friedhofskapelle St. Leonhard Laupheim — 38

Pfarrkirche St. Martin Dietenheim — 42

Pfarrkirche St. Maria und Selige Ulrika
    und Maria-Schnee-Kapelle Unterstadion — 48

Die »Bussenkirche« St. Johann Baptist Uttenweiler — 54

Stadtpfarrkirche St. Maria und Martin Biberach — 58

Zisterzienserinnen-Reichsstift Gutenzell — 64

Benediktinerabtei Ochsenhausen — 70

Prämonstratenserkloster Rot an der Rot — 78

Stiftskirche St. Cornelius
    und Cyprianus Bad Buchau — 84

Wallfahrtskirche St. Peter und Paul Steinhausen — 92

Prämonstratenser-Reichsabtei Schussenried — 98

Franziskanerinnenkloster Sießen — 104

Benediktinerinnenkloster Habsthal — 110

Zisterzienserinnenkloster Wald — 116

Pfarrkirche St. Jakob und
    Wallfahrtskirche Maria Schray Pfullendorf — 122

Schlosskirche St. Michael Altshausen — 128

Pfarrkirche St. Peter Bad Waldsee — 132

Zisterzienserkloster Salem — 138

Reichsabtei Weingarten — 144

Pfarrkirche Unserer Lieben Frau Ravensburg — 150

Prämonstratenserabtei Weißenau — 156

Pfarrkirche St. Katharina und
    Pfarrkirche St. Jakobus Wolfegg — 160

Pfarrkirche St. Gallus und Ulrich,
    St.-Anna- und Rötseekapelle Kißlegg — 166

Rochuskapelle Wangen — 174

Benediktinerabtei Isny — 178

Praktische Hinweise — 182

Vorwort

Oberschwaben ist ein Landstrich voller Naturschönheiten, der sich sowohl durch seinen kulturellen Reichtum als auch durch sein mildes Klima auszeichnet. In seinem Süden, der von den gemäßigten Temperaturen des Bodenseeraums profitiert, gedeihen Wein, Gemüse, Obst und Hopfen auf das Prächtigste. Zahlreiche Heilquellen sorgen für einen regen Andrang von Kurgästen, die in der idyllischen Region Heilung und Regeneration finden.

Oberschwaben ist zugleich eine wahre Schatzkammer für alle Kunstliebhaber und Kunstinteressierten. Der legendäre Kunsthistoriker Georg Dehio prägte den inzwischen weithin bekannten Begriff »Himmelreich des Barock«, der den großen Kulturreichtum der Region mit wenigen Worten auf den Punkt bringt.

Dennoch hat Oberschwaben, das insbesondere für seine weitläufigen barocken Klosteranlagen, die zuweilen an repräsentative Schlosskomplexe gemahnen, weit mehr als himmlischen Barock zu bieten. Neben den weithin bekannten Fundstücken aus der Ur- und Frühgeschichte der Region sowie den monumentalen Barockbauten, die sich um die Oberschwäbische Barockstraße reihen, bietet die Landschaft etliche Sehenswürdigkeiten, die anderen Epochen entstammen. Sehenswert sind nicht nur die »modernen« Ulmer Sakralbauten, die im Schatten des Münsters stehen, sondern auch die auf das Mittelalter zurückgehenden Kirchen von Ravensburg und Laupheim sowie zahlreiche Kapellen, die bisher leider meist nur bei den Ortsansässigen Beachtung finden.

Abseits der ausgetretenen touristischen Trampelpfade existieren in Oberschwaben auch Klöster, die heute noch oder wieder von monastischem Leben erfüllt sind oder mittlerweile anders genutzt werden und daher keinen gesteigerten Wert darauf legen, größere Besucherströme zu empfangen. Wenngleich diese Anlagen der Öffentlichkeit nicht gänzlich verschlossen bleiben, sind sie doch in erster Linie ein Ort der stillen Einkehr, der Zwiesprache mit Gott und der Begegnung, wie das zum Beispiel im ehemaligen Dominikanerinnenkloster Sießen der Fall ist. Auch diejenigen Klöster, die heute psychiatrische oder schulische Einrichtungen beherbergen, suchen zwangsläufig natürlich keine Nähe zum Massentourismus.

Die Grenzen Oberschwabens sind nicht klar definiert. Die Bezeichnung taucht 1275 unter der Herrschaft Königs Rudolfs von Habsburg erstmals auf und bezieht sich in diesem Zusammenhang auf einen Verwaltungsbezirk, der sich vom Schwarzwald bis in die nördliche Schweiz und das österreichische Grenzgebiet sowie in das jenseits der Iller gelegene Land, das heute zu Bayern gehört, erstreckte. Mittlerweile beschränkt sich der Begriff Oberschwaben auf die Landschaft zwischen Bodensee, Donau und

◆ Das Hauptdeckenfresko von Johann Baptist Zimmermann in der Wallfahrtskirche von Steinhausen stellt Mariens Aufnahme in den Himmel dar.

Iller, die am »Schwäbischen Meer« und an den beiden Flüssen ihre natürliche Grenze findet.

Bis zum Ende des Heiligen Römischen Reiches 1806 war Oberschwaben in eine Vielzahl von Herrschaftsterritorien zersplittert. Wer um 1800 von Stuttgart an den Bodensee reiste – heute ein ganz normaler Sonntagsausflug –, musste, je nachdem, welche Route er wählte, etwa 15 bis 20 Grenzen passieren.

Neben den bedeutenden Reichsstädten Ulm, Biberach und Ravensburg verfügten der Deutsche Orden sowie die wirtschaftlich starken Klöster und Abteien über enorme Macht. Die Habsburger besaßen durch ihre vorderösterreichischen Besitzungen großen Einfluss, an den außer die weit verzweigte Familie von Waldburg, deren zahlreiche (Seiten-)Linien vielfältige Spuren in Oberschwaben hinterlassen haben, keine adelige Dynastie der Region auch nur annähernd heranreichte.

Wenngleich die Kirchen, Klöster und Kapellen der oberschwäbischen Landschaft unterschiedlichen Herrschaften unterstanden, teilten sie doch fast ausnahmslos das Schicksal, im Bauernkrieg 1525 von aufständischen Bauern überfallen und während des Dreißigjährigen Krieges gebrandschatzt zu werden.

Die Schrecken des Dreißigjährigen Krieges, der das Land mit Mord, Grausamkeiten, Plünderungen und Brandschatzungen überzog, machten vor den Klostertoren nicht halt. Immer wieder mussten Mönche und Nonnen aus ihren Klöstern fliehen, die häufig in Flammen aufgingen und ausgeraubt wurden. Gleichzeitig bedrängten entfesselte Soldatenhorden die Not leidende Bevölkerung, raubten, mordeten und ließen menschenleere und verheerte Landstriche zurück, in denen zahlreiche Einwohner Seuchen zum Opfer fielen.

Nachdem der Westfälische Frieden den Dreißigjährigen Krieg formal beendet hatte, dauerte es Jahrzehnte, ehe sich die ausgeplünderte Region erholte. Felder und Äcker lagen brach, da die Bevölkerungszahl so dezimiert war, dass sich kaum Arbeitskräfte fanden, die sie hätten bestellen können.

Auch die Wiederherstellung der teilweise schwer beschädigten Klöster und Gotteshäuser zog sich in die Länge. In vielen Fällen konnten die notwendigen Baumaßnahmen erst gegen Ende des 17. Jahrhunderts eingeleitet werden. Dennoch setzte bald eine Zeit der baulichen Blüte ein, die in großartigen barocken Sakralbauten ihren Niederschlag fand. Kirchen, Klöster und Kapellen, die im Krieg teilweise schwer in Mitleidenschaft gezogen worden waren, wurden renoviert und erhielten ein barockes Kleid. In der Folgezeit entstanden repräsentative weitläufige Klosteranlagen wie Ochsenhausen, die in ihrer enormen Prachtfülle einen fast schon schlossähnlichen Charakter zeigen und sich durch ihre vollendete Symmetrie und ihre reich beschwingte Dekoration auszeichnen.

> **Die Reformation konnte in Oberschwaben nie Fuß fassen**

Die Reformation konnte in Oberschwaben nie wirklich Fuß fassen, sodass die Landschaft bis heute ganz überwiegend katholisch geprägt ist. In den meisten Ortschaften verfügte die bescheidene protestantische Minderheit lange über kein eigenes Gotteshaus. So erhielt die seinerzeit etwa hundert Personen umfassende evangelische Gemeinde von Buchau, die mittlerweile auf rund tausend Gläubige angewachsen ist, erst 1894 eine Kirche. Lediglich die Reichsstädte schlossen sich der Reformation an, wobei Biberach und Ravensburg als so genannte Paritätische Reichsstädte eine Sonderrolle einnahmen.

In Biberach teilen sich bis heute Katholiken und Protestanten die Stadtpfarrkirche, haben aber getrennte Friedhöfe. Auch in Ravensburg wurde das Gotteshaus nach der Reformation gemeinsam genutzt, wobei allerdings eine Mauer in die Kirche des Karmeliterklosters eingefügt wurde, sodass jeder Konfession ihr eigener Bereich vorbehalten blieb.

Zu Beginn des 19. Jahrhunderts brachten die Mediatisierung und die Säkularisation einen tief greifenden Einschnitt in die gewachsene Struktur Oberschwabens. Klein- und Kleinststaaten verschwanden von der politischen Landkarte und wurden größeren Herrschaften unterstellt. Die radikale Umgestaltung stellte insbesondere für die Klöster und geistlichen Gebiete eine gravierende Zäsur dar, war sie doch mit dem Verlust aller Macht, jeglicher Privilegien und des gesamten Besitzes verbunden. Weltliche Herr-

◆ Der »heilige Berg« Oberschwabens, der Bussen, mit der Kirche St. Johann Baptist.

scher übernahmen nun die einstmals politisch bedeutenden und wirtschaftlich starken geistlichen Territorien. Die Auflösung der Klöster beendete das monastische Leben. Zwar wurde den Mönchen und Nonnen von den neuen Besitzern in aller Regel der Verbleib auf Lebenszeit in ihrer gewohnten Umgebung und zuweilen sogar eine bescheidene Leibrente zugestanden, gleichwohl waren die Klöster zum Aussterben verdammt, da keine neuen Mitglieder mehr aufgenommen werden durften.

Das vorliegende Werk möchte den Leser auf eine Entdeckungsreise zu den schönsten und bedeutendsten Kirchen, Klöstern und Kapellen der oberschwäbischen Landschaft einladen, kann für sich aber nicht in Anspruch nehmen, die gesamte Fülle der dortigen Sakralbauten lückenlos zu dokumentieren. Denn gerade im »Himmelreich des Barock« finden sich so viele interessante und liebenswerte Kleinodien, dass zwangsläufig nur ein Teil davon berücksichtigt werden kann, wobei insbesondere die Frage der öffentlichen Zugänglichkeit zu den Auswahlkriterien zählte.

Die sakralen Bauschätze Oberschwabens verdienen nicht nur die ihnen gebührende kunsthistorische Würdigung, sondern sollen auch mit ihrer spannenden und facettenreichen Geschichte erlebbar gemacht werden.

Das Ulmer Münster

Das Grundsteinlegungsrelief im Ulmer Münster erinnert an den Beginn eines gewaltigen Bauprojekts, das seinen Anfang im Mittelalter erlebte, aber seine Vollendung erst mehr als fünfhundert Jahre später.

Die Inschrift verweist auf den 30. Juli 1377 als Datum der Grundsteinlegung und vermerkt sogar die genaue Tageszeit: drei Stunden nach Sonnenaufgang. Bürgermeister Lutz Kraft und seine Gemahlin Elisabeth Ehinger halten ein Modell des Gotteshauses in ihren Händen. In gebückter Haltung unter dem Modell befindet sich ein dunkel gekleideter Mann, der scheinbar die ganze Last des Kirchenbaus auf seinen Schultern trägt: der Baumeister Heinrich II. Parler – zumindest geht man nach neuesten Forschungen davon aus, wenngleich diese Frage bis heute nicht mit endgültiger Sicherheit geklärt werden konnte.

◆ Detailansicht des reich geschmückten Südturms.

◆ Das Mittelschiff nach Westen zum Chor mit Erzengel Michael im Chorbogen.

◆ Blick in den Chor mit dem Chorgestühl von Jörg Syrlin dem Älteren. Links das Sakramentshaus.

Weder Adel noch Klerus haben den Anstoß zum Bau der heute größten evangelischen Kirche in Deutschland gegeben, geschweige denn für ihre Finanzierung gesorgt. Allein die Spendenbereitschaft der Ulmer Bürger ermöglichte die Verwirklichung dieses groß angelegten Projektes, das angeblich sogar von den Huren der Reichsstadt unterstützt worden sein soll.

Mit dem Bau des Münsters und seiner Ausgestaltung wurden namhafte Baumeister und Künstler betraut, während sich die stolze Reichsstadt gleichzeitig zu einem bedeutsamen künstlerischen Zentrum im südwestdeutschen Raum entwickelte.

Die ersten drei Baumeister entstammten der Familie Parler, deren Mitglieder federführend an den bedeutendsten Sakralbauten jener Zeit unter anderem in Prag, Freiburg und Schwäbisch Gmünd beteiligt waren. Ihnen folgte 1392 der Baumeister Ulrich von Ensingen, dessen Nachfahren bis 1477 den Ulmer Münsterbau betreuten.

Im Lauf der Zeit erfolgten einige wesentliche Planänderungen. Während die ersten Baumeister eine Hallenkirche mit drei fast gleich hohen Türmen konzipiert hatten, nahm Ulrich von Ensingen eine entscheidende Veränderung vor: An die Stelle des relativ niedrigen Westturmes sollte ein weit aufragender filigraner Hauptturm treten, was zur Erhöhung des Mittelschiffs führte, wodurch aus der ursprünglich geplanten Hallenkirche eine Basilika wurde.

Der Westturm, der unter Fachleuten als »Ulmer Hauptwerk« des vierten Münsterbaumeisters gilt, kam allerdings nur im unteren Bereich zur Ausführung. Knapp hundert Jahre und fünf Münsterbaumeister später erfolgte abermals eine Änderung des Turmplans. Der 1477 aus Esslingen nach Ulm berufene Matthäus Böblinger präsentierte schon bald einen neuen Plan, der seinerzeit jedoch ebenfalls nur teilweise verwirklicht werden konnte, bei der Vollendung des Münsters im 19. Jahrhundert aber wieder aufgegriffen wurde.

Bereits am 25. Juli 1405 erfolgte unter Ulrich von Ensingen die feierliche Münsterweihe, obwohl die Fertigstellung des Gotteshauses noch in weiter Ferne lag und das Langhaus teilweise durch ein Notdach geschützt werden musste.

Zum Zeitpunkt der Weihe dürfte sich der Westteil mit dem Turm im Bau befunden haben, während die Seitenschiffe bis auf die Wölbung vermutlich weitgehend fertig gestellt und überdacht waren.

Das Münster, in dem seit der Weihe Gottesdienste stattfanden, war noch immer nicht vollendet, als die Ulmer 1530 im Rahmen eines Bürgerentscheids für die Einführung der Reformation plädierten. Gleichwohl konnte der Rat die schlimmsten Auswüchse des Bildersturms von 1531 verhindern, indem er sowohl das Sakramentshaus als auch das Chorgestühl und das Westportal unter seinen Schutz stellte und die Auslagerung etlicher Kunstwerke veranlasste. Dennoch gingen zahlreiche wertvolle Ausstattungsstücke, darunter etliche Pfeilerkonsolen und ein Großteil der einstmals etwa sechzig Altäre, verloren.

Nach der Reformation wurden die Arbeiten eingestellt

Nur wenige Jahre nach der Reformation wurden die Arbeiten an dem ehrgeizigen Projekt eingestellt. Zum einen fehlte es schlicht an den notwendigen finanziellen Mitteln, zum anderen scheint das Interesse an dem Bau, dessen Stil sich mittlerweile überholt hatte, erlahmt zu sein. Der Turm, der heute steil in den Himmel ragt und das Stadtbild von Ulm prägt, blieb ein Rumpf, der dem Bau ein seltsam unproportioniertes Aussehen verlieh.

Dem 19. Jahrhundert, das das Mittelalter und die Gotik wiederentdeckte, die nun fälschlicherweise als altdeutscher Stil betrachtet wurde, blieb es vorbehalten, das großartige und

◆ Moderne Glasfenster von Peter Valentin Feuerstein im südlichen Seitenschiff.

ehrgeizige Projekt, das die Ulmer vor mehr als fünf Jahrhunderten voller Glauben und Hoffnung begonnen und mit großzügigen Spendengeldern unterstützt hatten, zu vollenden. 1844 begründete Ferdinand Thrän, der 1857 zum Münsterbaumeister berufen wurde, die Ulmer Bauhütte neu. Auf ihn geht auch die Idee zurück, eine »Münsterlotterie« zur Finanzierung des Weiterbaus ins Leben zu rufen.

Mit der Fertigstellung des Westturms durch August Bayer am 31. Mai 1890 wurde das große Werk schließlich vollendet – in einer Zeit, mit technischen Errungenschaften, die für die Menschen des Mittelalters vollkommen unvorstellbar gewesen sein dürften: Beleuchtung durch Gaslampen und Glühbirnen, Kommunikation per Telegraf und Telefon sowie Mobilität durch Eisenbahn, U-Bahn und Automobil.

Während das weltweit bekannte Ulmer Münster alljährlich Tausende von Besuchern anzieht, verirren sich nur wenige kunsthistorisch Interessierte in die anderen ebenfalls beachtenswerten Sakralbauten der ehemaligen Freien Reichsstadt.

Ulm schloss sich bereits früh der Reformation an, blieb Jahrhunderte lang evangelisch geprägt und verfügte daher bis um die Wende vom 19. zum 20. Jahrhundert über keinen adäquaten Kirchenbau für die katholische Gemeinde. Daher erfolgte auf Anregung des

♦ Die imposante Uhr zwischen den beiden monumentalen Türmen der Ostfassade.

letzten württembergischen Königs Wilhelm II. 1901 bis 1904 der Bau der katholischen Garnisonskirche St. Georg, die zu den interessantesten Spätwerken der Neugotik zählt.

Unweit von St. Georg entstand nur wenige Jahre später die evangelische Garnisonskirche. Zeitlich und räumlich liegen beide Bauten zwar dicht beieinander, dennoch scheinen Welten zwischen ihnen zu liegen. Während St. Georg ganz dem »altdeutschen« Stil verhaftet bleibt, orientiert sich die Pauluskirche in ihrer Form und Bauweise an der modernen Gestaltung des beginnenden 20. Jahrhunderts und zählt heute zu den bedeutendsten Meisterwerken der klassischen Moderne.

Weithin sichtbar erhebt sich der eigenwillige massive Baukörper und lässt die angrenzenden Gebäude weit unter sich verschwinden. Der steil aufragende östliche Bauteil präsentiert sich mit einem gewaltigen blinden Torbogen und zwei monumentalen kegelförmigen Türmen, die gelegentlich etwas despektierlich als »Granatentürme« bezeichnet werden, angeblich jedoch syrischen Kuppeln nachempfunden sein sollen.

Die Besonderheit des Bauwerks ist nicht nur in seinem außergewöhnlichen Erscheinungsbild zu suchen, sondern auch in seinem Baumaterial: Stahlbeton, der seinerzeit häufig auch als Eisenbeton bezeichnet wurde, ist heute allgegenwärtig, war jedoch zu Beginn des 20. Jahrhunderts – insbesondere bei Sakralbauten – noch nicht weit verbreitet. So dürfte die Ulmer Pauluskirche eines der ersten Gotteshäuser in Deutschland sein, das in Stahlbetonbauweise ausgeführt wurde.

Der Architekt Theodor Fischer, der nach einem 1905 ausgeschriebenen Wettbewerb mit dem Projekt betraut wurde, verfügte allerdings bereits über einige Erfahrung mit dem modernen Baustoff. Schließlich hatte er im selben Jahr einen Aussichtsturm aus Beton auf dem Pfullinger Schönberg geschaffen, der aufgrund seiner hellen Farbgebung und seiner beiden Pylonen stark an eine altertümliche lange Herrenunterhose erinnert und daher von den Ortsansässigen als »Pfullinger Onderhos« bezeichnet wird.

Eine Besonderheit ist das Baumaterial: Stahlbeton

Die Ulmer Pauluskirche, deren Grundsteinlegung 1908 in Anwesenheit des württembergischen Königs Wilhelm II. erfolgte, entstand sozusagen als Gegenstück zu der wenige Jahre zuvor errichteten katholischen Garnisonskirche St. Georg und übernahm nun die Seelsorge der evangelischen Militärangehörigen.

Mittlerweile ist die Militärseelsorge etwas in den Hintergrund getreten. Das Gotteshaus dient heute vor allem als Andachtsraum der evangelischen Paulusgemeinde, die ihren Sitz im Nordosten der Stadt, unweit des alten Friedhofs, hat. Die engagierte Gemeinde öff-

♦ Der moderne Kirchensaal mit Blick auf die Orgelempore.

◆ Detailansicht des Nordfensters: Paulus predigt auf dem Areopag in Athen.

net ihre Türen alljährlich für einige Wochen als Vesperkirche, in der finanziell schlecht gestellte Menschen Nahrung sowie medizinische Hilfe erhalten.

Ulm blickt auf eine lange Tradition des bürgerschaftlichen Engagements zurück. Ohne die großzügigen Spenden der Stadtbewohner wäre das wunderbare Münster niemals verwirklicht worden. Mittlerweile hat auch die Pauluskirche ihre Unterstützer gefunden. Anlässlich des 100-Jahr-Jubiläums der Einweihung wurde 2010 eine Stiftung gegründet, die sich den weiteren Erhalt der Kirche zur Aufgabe gemacht hat und sich gleichzeitig der Förderung der Kirchenmusik widmet, welche in dem hohen Kirchensaal auf eine wunderbare Akustik trifft.

Der Architekt Theodor Fischer und der Stuttgarter Akademieprofessor Adolf Hölzel, ein »Wegbereiter der modernen Kunst« und »Pionier der Abstraktion«, waren befreundet und arbeiteten in Ulm nicht zum ersten Mal zusammen. Bereits 1906/07 hatte Hölzel in Fischers Auftrag Entwürfe für die Wandmalereien der Pfullinger Hallen geliefert, deren Umsetzung den Meisterschülern des Stuttgarters oblag. Lediglich in der Pauluskirche existiert ein Wandbild, das von Adolf Hölzel persönlich ausgeführt wurde. In der Altarnische, die mit ihren drei Öffnungen etwas an eine Theaterbühne erinnert, schuf der Stuttgarter Professor für Malerei 1910 eine Darstellung des Gekreuzigten.

Der sachlich schlicht gehaltene Kirchenraum, der in den 1970er-Jahren etliche Umgestaltungen erfuhr, beeindruckt insbesondere durch eine Formerfindung Theodor Fischers, die nach ihm benannten »Fischerbögen«, weit gespannte Stahlbetonbinder, die das Gewölbe des breiten Saales tragen und in ihrer Formgebung Ähnlichkeiten mit romanischen Kleeblattbögen aufweisen.

Eine weitere Besonderheit ist die Orgel der Firma Gebrüder Link von 1910, zählt sie doch zu den ganz wenigen heute noch erhaltenen Orgeln der späten Romantik in Südwestdeutschland.

◆ Löwenfigur am Kircheneingang.

Benediktinerabtei Wiblingen

Südlich der Ulmer Innenstadt thront die palastähnliche monumentale ehemalige Benediktinerabtei Wiblingen über dem beschaulichen Illertal und konkurriert mit Schussenried um den Titel des schönsten Bibliothekssaals in Baden-Württemberg.

1093 stifteten die Grafen Hartmann und Otto von Kirchberg das Kloster, das ebenso wie Ochsenhausen seinen Gründungskonvent aus der bedeutenden Benediktinerabtei St. Blasien im Schwarzwald erhielt. Gleichzeitig bekam Wiblingen, das über Jahrhunderte hinweg als Grablege der gräflichen Familie von Kirchberg diente, von den frommen Stiftern eine wertvolle Kreuzreliquie, die infolge des ersten Kreuzzuges in ihren Besitz gelangt war.

Dank zahlreicher Privilegien und großzügiger Schenkungen durfte sich das Kloster bald

♦ Klosterkirche St. Martin mit Blick zum Hochaltar.

◆ Die überlebensgroßen Figuren im Bibliothekssaal symbolisieren die Wissenschaften und die klösterlichen Tugenden.

einer Phase der Blüte erfreuen, die jedoch im 13. Jahrhundert unterbrochen wurde, sowohl durch äußere Umstände als auch durch innerklösterliche Veränderungen. Zum einen wurde die Anlage durch einen Brand fast vollständig zerstört, zum anderen hatte sich die Klosterdisziplin so weit gelockert, dass grundlegende Vorgaben der Ordensregel nicht mehr berücksichtigt wurden. Erst nachdem sich das Wiblinger Benediktinerkloster im 15. Jahrhundert der Melker Reform angeschlossen hatte, konnte der vorübergehende Niedergang gestoppt werden. Die Rückbesinnung auf die ursprünglichen Mönchstugenden war so vorbildlich, dass die Abtei in der Folgezeit zu einem der wichtigsten Reformklöster der Region wurde und häufig die Äbte anderer Benediktinerklöster stellte.

Die Reformation, der sich die nahe gelegene Reichsstadt Ulm schon früh anschloss, und der Dreißigjährige Krieg brachten neue Bedrängnisse, ehe das Kloster im 18. Jahrhundert nochmals einen kulturellen Aufschwung erlebte, der seinen Niederschlag nicht zuletzt im Bau einer neuen repräsentativen Klosteranlage fand. Die war allerdings noch nicht vollendet, als das Kloster infolge der Säkularisation aufgelöst wurde. Nachdem der Konvent die ehemalige Benediktinerabtei verlassen hatte, wurde sie bald einer neuen Nutzung als herzoglicher Wohnsitz zugeführt.

1808 bezog Heinrich Friedrich Karl von Württemberg, ein Bruder König Friedrichs, mit seiner Familie einen Teil der Räumlichkeiten. Obwohl sich die Begeisterung des Königs über die unstandesgemäße Ehe seines Bruders mit einer Schauspielerin in engen Grenzen hielt, übertrug er ihm die Statthalterschaft von Oberschwaben.

Gleichzeitig kamen auch württembergische Militäreinheiten nach Wiblingen, denen die ehemalige Benediktinerabtei bald als »Schlosskaserne« diente. Der militärischen Nutzung des Komplexes ist es zu verdanken, dass Anfang des 20. Jahrhunderts der Bau des Südflügels entsprechend seiner ursprünglichen Planung doch noch zur Ausführung kam.

Nach dem Zweiten Weltkrieg fanden hunderte von Flüchtlingen Unterkunft in der einstigen »Schlosskaserne«, die nun auch zum Sitz verschiedener Firmen und Fertigungsbetriebe wurde. Erst in neuerer Zeit wurde dem ehema-

ligen Kloster durch den Einzug der Ulmer Universitätsbibliothek, die Teile der Räumlichkeiten belegt, wieder eine adäquate Nutzung beschert.

1714 erfolgte der Baubeginn der heutigen streng axialsymmetrisch ausgelegten Anlage, einem »der letzten riesigen barocken Klosterpaläste« Oberschwabens, der genau genommen teilweise bereits im Spannungsfeld zwischen Spätbarock und Frühklassizismus steht.

Der farbenprächtige reich geschmückte Bibliothekssaal im Nordflügel erinnert stark an den der Prämonstratenserabtei Schussenried, wel-

♦ Der reich geschmückte Bibliothekssaal im Nordflügel.

cher wenige Jahre später zur Ausführung kam. Beide sollten nicht nur den Gästen, die in diesem repräsentativen Umfeld empfangen wurden, die Gelehrsamkeit der Mönche vor Augen führen, sondern auch die Bedeutung der Abtei verdeutlichen.

Über blaurot marmorierten Säulen mit goldenen, detailreich ausgeschmückten Kapitellen erhebt sich eine Galerie, die in der Mitte jeder Raumseite schwungvoll hervorspringt. Zwischen den Säulen symbolisieren überlebensgroße weiße Figuren die klösterlichen Tugenden und die Wissenschaften, derer auch an zahlreichen anderen Orten des Bibliothekssaales gedacht wird. Die lateinische Inschrift über dem mächtigen Portal lautet sinngemäß übersetzt: »Darin sind alle Schätze von Wissenschaft und Weisheit verborgen.«

Blaurot marmorierte Säulen mit ausgeschmückten Kapitellen

Während der Bibliothekssaal bereits 1744 ausgeführt wurde, konnte die Grundsteinlegung zum Bau der Klosterkirche erst 1772 erfolgen.

Die ursprüngliche Planung stammte von Johann Georg Fischer, der den Baubeginn jedoch nicht mehr erlebte. Sein Nachfolger Johann Georg Specht, der die Entwürfe seines verstorbenen Vorgängers teilweise übernahm, wurde schon 1778 durch den Maler Januaris Zick, der auch an der Ausmalung der Würzburger Residenz beteiligt war, abgelöst. Der neue Bauleiter hatte zwar die Vorgabe, im »altbewährten« Stil weiterzuarbeiten, befand diesen jedoch als »nicht modern genug« und gestaltete den Kirchenraum daher »nach antikem Geschmack«, also im Sinne des frühen Klassizismus.

Neben dem rhythmisch schwingenden Bibliothekssaal erscheint St. Martin in klarer Gliederung und zurückhaltender Ausschmückung. Der helle Innenraum, dessen Säulen und Wände bis auf einige goldene Elemente ganz in Weiß

♦ Eingangsfront der Klosterkirche St. Martin.

gehalten sind, verzichtet auf barocke Prachtfülle und präsentiert sich in geordneter Sachlichkeit, der eine ruhige feierliche Würde anhaftet.

Die Deckenfresken des kurtrierischen Hofmalers Januarius Zick, die insbesondere an die hoch verehrte Kreuzreliquie, die das Kloster von seinen Stiftern erhielt, erinnern, belegen das meisterhafte Können des talentierten Künstlers, der sich nicht unbedingt durch übergroße Bescheidenheit auszeichnete und seinem Werk selbst auf einer Gedenktafel huldigte, die ihn als »berühmten Mann« ausweist, »Maler und Architekt zugleich, wegen der Regelmäßigkeit des Innendekors dieser Kirche«.

Wiblingen

Pfarrkirche zum heiligsten Namen Jesu Oberdischingen

Selbst in Württemberg ist die kleine rund 2000 Einwohner zählende Gemeinde Oberdischingen, die sich, 15 Kilometer von Ulm entfernt, auf einem Teilstück des historischen Jakobswegs nach Santiago de Compostela befindet, kaum bekannt. Dabei verfügt die reizende Ortschaft an der Donau nicht nur über ein bemerkenswertes Ortsbild, das in der oberschwäbischen Region fast schon einzigartig sein dürfte, sondern auch über ein ganz besonderes Kleinod: die katholische Pfarrkirche zum heiligsten Namen Jesu.

1661 erwarben die Schenken von Castell – die mit dem fränkischen Adelsgeschlecht Castell

♦ Vier kannelierte Säulenpaare tragen den mächtigen Kuppelring.

lediglich den Namen gemein haben – die 1148 erstmals urkundlich erwähnte oberschwäbische Gemeinde, deren heutiges Erscheinungsbild ganz wesentlich von der ursprünglich aus dem Bodenseeraum stammenden Familie geprägt wurde.

Man erreicht Oberdischingen über die B 311 zwischen Ulm und Ehingen. Der Weg in den Ortskern führt an einer mächtigen Kreuzigungsgruppe aus dem 18. Jahrhundert und einigen neueren Gebäuden vorbei, ehe er in eine stattliche Kastanienallee mündet, die anlässlich des Brautzuges von Maria Antonia angelegt wurde. Am 21. April 1770 verließ Maria Theresias junge Tochter mit einem großen Hofstaat Wien, um in Versailles den damaligen Dauphin und späteren König Ludwig XVI. zu heiraten. Der »schönste Brautzug«, dessen Reiseroute bestehend aus 17 Tagesstrecken und 16 Übernachtungen bis ins letzte Detail geplant war, zog am 1. Mai 1770 durch Oberdischingen, um die folgende Nacht im nahe gelegenen Benediktinerkloster Obermarchtal zu verbringen.

Die eigens für diesen Brautzug angelegte Kastanienallee geht schließlich in die prächtige Herrengasse über, die beidseitig von einheitlich gestalteten Mansardengebäuden im französisch-barocken Stil gesäumt wird, wie man sie in einer beschaulichen oberschwäbischen Gemeinde nicht erwarten würde. »Klein-Paris« – wie Oberdischingen zuweilen genannt wird – verdankt sein außergewöhnliches Ortsbild insbesondere Franz Ludwig Graf Schenk von Castell, dem legendären »Malefizschenken«. Kaum hatte er nach dem Tod seines Vaters 1764 die Herrschaft übernommen, veranlasste er den Ausbau der bis dahin eher unscheinbaren Ortschaft zu einer veritablen kleinen Residenz mit einem repräsentativen Schloss.

Seine regen baulichen Aktivitäten fanden ihren Höhepunkt mit der Errichtung der Kirche zum heiligsten Namen Jesu, die allerdings erst 1832, elf Jahre nach dem Tod des baufreudigen Grafen, eingeweiht werden konnte.

Nicht zu Unrecht wird der imposante klassizistische Kirchenbau, dessen Grundriss der Form eines griechischen Kreuzes nachempfunden ist, auch als »schwäbisches Pantheon« bezeichnet. Denn mit seiner für Oberschwaben nicht gerade typischen Kuppel und seinem fast übermächtigen Säulenportikus erinnert er tatsächlich stark an das römische Vorbild, das um 120 n. Chr. unter Kaiser Hadrian vollendet wurde. Allerdings zählt die Kuppel des ursprünglich »heidnischen« Originals zu den höchsten der Welt, während die von Oberdischingen eher bescheiden ausgefallen ist.

Es ist nicht mit letzter Sicherheit bekannt, auf welchen Architekten das »schwäbische Pantheon« zurückgeht. Ein »französischer« soll es gewesen sein. Und daher wurde häufig vermutet, es könnte sich um Michel d'Ixnard handeln, nach dessen Plänen das 1807 zerstörte Oberdischinger Schloss errichtet worden war. In älteren Pu-

Der Kirchenbau wird als »schwäbisches Pantheon« bezeichnet

♦ Die sieben gotischen Steinreliefs stellen die Passion, Auferstehung und Himmelfahrt Jesu dar.

blikationen wird gelegentlich Philippe de la Guêpière als planender Architekt genannt, was nach heutigen Gesichtspunkten eher als unwahrscheinlich anzusehen ist. Neuere Forschungen neigen dazu, die Entwürfe dem Stuttgarter Hofbaumeister Nikolaus Friedrich von Thouret zuzuschreiben.

Der Kirchenraum wirkt in seiner Schlichtheit fast streng und wird von der hohen Kuppel, die im Inneren wesentlich mächtiger erscheint als von außen, dominiert. Vier kannelierte Säulenpaare tragen den imposanten Kuppelring, der ebenso wie der restliche Kirchenraum weitgehend in Weiß gehalten ist und nur wenige schmückende Elemente zeigt. Lediglich die vergoldeten Kapitelle der ionischen Säulen und die vergoldeten Kassetten des mächtigen Gewölbes beleben die nüchterne Strenge.

Auch die Ausstattung des klassizistischen Gotteshauses

♦ Das »schwäbische Pantheon« von der B 311 aus gesehen.

präsentiert sich ausgesprochen zurückhaltend, besticht jedoch insbesondere durch sieben gotische Steinreliefs, welche die Passion, Auferstehung und Himmelfahrt Jesu darstellen. Die Reliefs, in deren Mittelpunkt die Kreuzigung steht, wurden – so lautet die Signatur – 1501 von »Meister Anton«, welcher der berühmten Ulmer Syrlin-Werkstatt zugerechnet wird, angefertigt. Ursprünglich befanden sie sich im nahe gelegenen Benediktinerkloster Blaubeuren und wurden 1806 durch Franz Ludwig Graf Schenk von Castell für die Oberdischinger Kirche erworben.

Auf einer Anhöhe etwas außerhalb des Ortskerns befindet sich die Wallfahrtskirche zur Heiligen Dreifaltigkeit, die ab 1712/13 errichtet und um 1800 im klassizistischen Stil umgestaltet und erweitert wurde. Sie beherbergt die Familiengruft der Schenken von Castell, in der auch Franz Ludwig, der Bauherr der Kirche zum heiligsten Namen Jesu, seine letzte Ruhestätte fand.

Franz Ludwig wurde nicht nur durch seine rege Bautätigkeit bekannt, sondern auch durch sein entschiedenes Vorgehen gegen das »Jaunerunwesen«, was ihm den Beinamen »Malefizschenk« einbrachte und wohl auch zur Zerstörung seines Oberdischinger Schlosses führte. Es wurde vermutlich von Straftätern, die naturgemäß von seinen Aktivitäten nicht gerade begeistert waren, in Brand gesetzt.

Man hat ihm gelegentlich unterstellt, nicht gerade aus selbstlosen Motiven gehandelt zu haben, sondern »aus purer Liebhaberei, aber auch aus herrschsüchtigem Ehrgeize, sowie infolge eines inneren Dranges, aus den engen, seinem dynastischen selbstherrlichen Geiste längst nicht mehr genügenden Schranken seines Wirkungskreises herauszutreten«. Vermutlich bediente der Graf mit seiner »criminalistischen Tätigkeit« jedoch eher eine »Marktlücke«. Denn aufgrund der territorialen Zersplitterung der Region gestaltete sich die Strafverfolgung seinerzeit ausgesprochen schwierig. Flüchtige Kriminelle konnten sich leicht der Verhaftung entziehen.

Dabei zeigte Franz Ludwig durchaus auch menschliche Züge, indem er »erzieherische Maßnahmen« ergriff, manchmal zum Tode Verurteilte begnadigte und in einigen Fällen auch für die Ausbildung der Kinder sorgte, die durch seine Todesurteile zu Waisen geworden waren.

Die bekannteste Kriminelle jener Zeit konnte jedoch keine Gnade von ihm erwarten: Elisabeth Gaßner, genannt die »Schwarze Lies«, eine »Sackgreiferin« und »Vagantin«, deren Aktivitäten vom Schwarzwald bis in die Schweiz reichten, wurde zum Tode verurteilt und 1788 in Oberdischingen hingerichtet.

Obwohl dem »Malefizschenken« in seiner Herrschaft die Hochgerichtsbarkeit unterstand, wurde ihm in diesem speziellen Fall ein weiterer juristischer Gutachter zugeteilt. Denn er galt – auch nach den damaligen Maßstäben – als befangen. Schließlich war er selbst Opfer des wohl dreistesten Diebstahls der »Schwarzen Lies« geworden, die ihm in der Ludwigsburger Hofkapelle seine Geldbörse gestohlen hatte.

In unmittelbarer Nähe zum ausgedehnten Komplex des Schlosses Großlaupheim thront auf dem Kirchberg majestätisch die Stadtpfarrkirche St. Peter und Paul, die im Verlauf mehrerer Bauphasen ihr heutiges Erscheinungsbild erhielt.

Laupheim zählt vermutlich zu den ältesten Kirchenstandorten im Bereich der heutigen Diözese Rottenburg-Stuttgart und verfügte möglicherweise bereits im 8. Jahrhundert n. Chr. über ein erstes Gotteshaus, das 926 durch ungarische Truppen in Schutt und Asche gelegt wurde.

Historisch ist nicht gesichert, ob der Zerstörung eine Wiederherstellung der alten Kirche bzw. ein romanischer Kirchenneubau folgte. Fest steht lediglich, dass St. Peter und Paul einen spätgotischen Vorgängerbau hatte, von dem lediglich der Turm erhalten blieb, der 1902/03 erhöht und mit einer »neobarocken« Haube versehen wurde.

♦ Blick durch das flach gedeckte Kirchenschiff zum Hochaltar.

Laupheim 35

◆ Detailansicht des Hochaltars.

Anfang des 17. Jahrhunderts fasste man einen Neubau ins Auge, da die alte Kirche nicht mehr genug Raum für die wachsende Kirchengemeinde bot, der mittlerweile angeblich so viele Gläubige angehörten, dass eine Erweiterung unumgänglich war. 1607 folgte der Entschluss, den gotischen Bau abzureißen und durch ein größeres neues Gotteshaus zu ersetzen, mit dessen Planung die Gebrüder Martino und Albrecht Barbieri aus Roveredo betraut wurden. Nachdem die alte Kirche 1623 abgebrochen worden war, konnte der Neubau nur langsam voranschreiten. Neben der ungesicherten Finanzierung führten Änderungen an den Bauplänen zu Verzögerungen. Infolgedessen konnte das Dach jahrelang nicht vollständig abgedeckt werden, sodass der Pfarrer und die Gottesdienstbesucher zeitweilig buchstäblich im Regen standen und die Gottesdienste gelegentlich aufgrund der Witterung ausfallen mussten. Schließlich brachte der Vormarsch schwedischer Truppen nach Süddeutschland, die 1634 Laupheim überfielen und plünderten, das Bauprojekt vorübergehend zum Erliegen, wodurch die Altäre erst 1661 geweiht werden konnten.

Der helle flach gedeckte Kirchensaal wurde ab 1730 im frühen Rokokostil umgestaltet, worauf die Apostelfiguren an den Pilastern zurückgehen, die von einem unbekannten Künstler stammen. Die überlebensgroßen Statuen sind ganz in Weiß gehalten, lediglich ihre jeweiligen Attribute präsentieren sich in leuchtendem Gold. Neben der Rokokokanzel mit ihren fröhlich verspielten Putten und einer allegorischen Darstellung der Gerechtigkeit befindet sich links die Figur des Johannes mit Kelch, rechts der beilschwingende Matthäus.

Die flache Decke des Langhauses und das Gewölbe des Chors sind mit dezentem Bandelwerkstuck von 1730 geschmückt, der die gleichaltrigen Deckenfresken von Anton Wenzeslaus Haffe umfängt, die Mariä Verkündigung, Christi Geburt, die Ordensgründer Bernhard von Clairvaux und Benedikt von Nursia sowie die vier abendländischen Kirchenväter Ambrosius, Hieronymus, Augustinus und Gregor darstellen.

Überlebensgroße Statuen ganz in Weiß

Die säulengeschmückten Altäre entstanden ebenfalls 1730, erfuhren in späteren Jahren jedoch einige Veränderungen. Der Hochaltar, der die Statuen der Kirchenpatrone Petrus und Paulus trägt, wurde seines ursprünglichen Altarblattes beraubt. Auch am nördlich gelegenen Marienaltar sind nicht mehr alle originalen Darstellungen vorhanden. An die Stelle eines Mariengemäldes aus dem Jahre 1846 trat 1956/57 eine Mondsichelmadonna, die sich bis zur Säkularisation im Söfflinger Klarissenkloster befunden hatte. Die prächtige Statue der Himmelskönigin wurde um 1700 von einem namentlich nicht bekannten Künstler geschaffen, wobei die Putten, die Rosengirlande und die Krone des Jesusknaben eine Ergänzung des 20. Jahrhunderts sind.

Der südliche Seitenaltar ist dem Märtyrer Sebastian geweiht, der – vermutlich unter dem römischen Christenverfolger Kaiser Diokletian – wegen seines christlichen Glaubens mit Pfeilen gemartert wurde und seit dem 7. Jahrhundert als Schutzpatron gegen die Pest verehrt wird.

◆ Kirchturm mit »neobarocker« Haube neben dem barocken Pfarrhaus.

Friedhofskapelle St. Leonhard Laupheim

Der heilige Leonhard ist im stark protestantisch geprägten Württemberg nicht sehr präsent. Seine Verehrung erfolgt eher im Alpenraum, insbesondere in Altbayern, wo er hohes Ansehen genießt und bis heute Leonhardi-Wallfahrten begangen werden. Der möglicherweise um 500 geborene Eremit aus adeligem Hause soll durch sein Gebet die Ketten zahlreicher Gefangener gesprengt und ihnen so zur Freiheit verholfen haben, weshalb er zuweilen auch als »Kettenheiliger« bezeichnet wird und als Schutzpatron der Gefangenen gilt. Aus diesem ursprünglichen Patronat gingen später andere hervor, wobei hier vor allem seine Funktion als »Viehpatron« erwähnt werden muss, dessen Fürbitte von all jenen erfleht wurde und wird, die aus beruflichen Gründen Nutztiere halten, also zum Beispiel Bauern. Die

♦ Der Kreuzweg bei St. Leonhard wurde 1882 angelegt.

große Verehrung des Heiligen im stark bäuerlich geprägten Bayern dürfte hierauf zurückzuführen sein.

Der »bayrische Bauernherrgott« – wie Leonhard von Limoges zuweilen genannt wird – gilt auch als Helfer der Fuhrleute, was möglicherweise mit dazu beigetragen hat, dass er als Schutzpatron für die Laupheimer Gottesackerkapelle gewählt wurde, die 1445 an einem seinerzeit wichtigen Verkehrsknotenpunkt an der Straße nach Ulm gestiftet wurde.

Eine eiserne Kette umfängt den Bau und erinnert an die Weihegaben, die der heilige Leonhard einst in Form von Hufeisen und Ketten erhielt, wobei ihm heutzutage vor allem Kerzen und Votivtafeln dargebracht werden.

1449 erfolgte die feierliche Weihe der Kapelle, die zwar nach dem heiligen Leonhard benannt, gleichzeitig aber auch den Heiligen Antonius, Maria und Barbara gewidmet wurde.

Das freundliche im Stil der Spätgotik errichtete Gotteshaus, dessen westlicher Turm erst zu Beginn des 17. Jahrhunderts seinen heutigen Aufbau mit der geschwungenen Zwiebelhaube erhielt, wurde von keinem der renommierten Baumeister und Künstler errichtet, die in Oberschwaben zugange waren. Es bezieht seinen besonderen Charme aus

♦ Blick auf den modern gestalteten Chorraum mit dem Kruzifix von 1611.

dem gelungenen Zusammenspiel von spätgotischer Architektur, barocker Ausstattung und modern gestaltetem Chorraum.

Die äußerlich schlicht gehaltene Kapelle präsentiert sich auch im Inneren in bescheiden zurückhaltender Ausführung, die den Blick unmittelbar auf den Chorraum lenkt. In dessen Mittelpunkt steht ein hoch aufragendes schlankes Kreuz, dessen Darstellung des Gekreuzigten 1611 von einem namentlich nicht bekannten Künstler angefertigt wurde. Die rückwärtige Chorwand ist in Blautönen gehalten, die von intensivem Dunkelblau im unteren Teil langsam zu hellblauen Schattierungen aufsteigen.

Der moderne Altar aus burgundischem Kalkstein setzt sich aus einem rechteckigen Sockel und der Altarplatte zusammen, wobei der Verzicht auf jegliches schmückende Element die schlichte Schönheit des Steins unmittelbar in den Blickwinkel des Betrachters zieht.

Die flache zartrosafarbene Decke ist mit zierlichem Stuckbandelwerk geschmückt, zwischen dem sich Deckenfresken mit Darstellungen aus dem Marienleben befinden. Das Hauptfresko im Chor zeigt ihre Geburt, das des Langhauses ihren Tod.

1611 erhielt St. Leonhard einen Kapellen-Anbau, in dem sich ein Heiliges Grab befindet. In der Nische des massiven steinernen Sockels wird am Karfreitag und Karsamstag eine hölzerne Christusskulptur gebettet, die in der zweiten Hälfte des 18. Jahrhunderts von dem Bildhauer Johann Adam Hops gefertigt wurde. Über dem Sockel erhebt sich eine große Reliefdarstellung von 1611 mit der Auferstehung des Gekreuzigten.

Der Kreuzweg bei St. Leonhard wurde erst 1882 angelegt und ist dem Stil des Historismus verhaftet. Wuchtige Ziegelsteinbauten säumen den Pfad. In ihrem Zentrum stehen von Bilderrahmen umfasste Darstellungen der Kreuzwegstationen, deren Hauptfiguren im Vordergrund als farbige Reliefs gestaltet wurden, während die Hintergrundszenen gemalt sind.

◆ Engelskopf am Korb der klassizistischen Kanzel.

◆ Geißelheiland unter der Empore aus der Zeit um 1730.

Das Städtchen Dietenheim an der Iller, unweit der Grenze zu Bayern gelegen, beherbergt vermutlich das letzte heute noch existierende Heilige Grab aus der Barockzeit im südwestdeutschen Raum und verfügt damit über ein ganz besonderes Zeugnis der barocken Frömmigkeit.

Die Tradition des Heiligen Grabes reicht weit ins Mittelalter zurück. Seinerzeit war der Brauch weit verbreitet, den Altar während der Fastenzeit durch ein schlichtes Tuch – das so genannte Hunger- oder Fastentuch, das zuweilen auch als Schmachtlappen bezeichnet wurde – vor den Blicken der Gläubigen zu verbergen. Das Auge sollte so gleichsam in das Fasten miteinbezogen werden, indem es während dieser Zeit auf die Schönheit des Altars verzichten musste.

◆ Das schlichte Mittelschiff von St. Martin mit flacher Kassettendecke.

♦ Hauptfassade des Heiligen Grabes. Links vom Eingang: Jesus vor dem Hohepriester. Rechts: Jesus vor Pontius Pilatus.

44 Dietenheim

Nach und nach ging man dazu über, die ursprünglich farb- und schmucklosen Tücher mit Motiven der Leidensgeschichte Jesu zu versehen, um die Gottesdienstbesucher so am letzten Weg des Heilands teilnehmen zu lassen.

In der Barockzeit erfreuten sich Heilige Gräber, die nun zusehends aufwändiger und prächtiger als ihre Vorgänger ausgestattet wurden, großer Beliebtheit. Sie bestanden zumeist aus transportablen mit Leinwand bezogenen Gerüsten, auf denen die Passionsgeschichte dargestellt war, und wurden in aller Regel lediglich während der Karwoche aufgebaut.

Die katholische Pfarrkirche St. Martin, die Heimstatt des Dietenheimer Heiligen Grabes, verdankt ihr heutiges Aussehen überwiegend der ersten Hälfte des 20. Jahrhunderts, wenngleich der steil aufragende Kirchturm zu weiten Teilen aus der Zeit um 1188 stammt. Von dem Bau, den Philipp Eduard, Oktavian und Raimund Fugger, deren Familie seit 1580 die Herrschaft über den Ort innehatte, 1588 stifteten, blieb kaum etwas erhalten. Zu Beginn des 20. Jahrhunderts führte die Begradigung der Iller zu schweren Schäden an St. Martin, die schließlich einen Teilneubau erforderlich machten, mit dem die Vergrößerung des Kirchenschiffs einherging.

Der Innenraum zeigt sich mit seinen weißen schmucklosen Wänden und der kassettenartigen Holzdecke in würdiger Schlichtheit, die durch einige Kunstwerke aus früheren Epochen, die an die Kreuzwegstationen und Mariens Lebensweg gemahnen, einen feierlichen Akzent erhält.

Das heutige Heilige Grab hatte zumindest zwei – wesentlich bescheidener gestaltete – Vorgänger. Im Inventar der Gemeinde wird 1564 ein »gemustert Tüchlein« erwähnt. Es blieb ebenso wenig erhalten wie der »alt Leinenforhang«, der auf eine 1686 erfolgte Stiftung zurückging.

Auch das barocke Heilige Grab verdankt seine Existenz einer Stiftung, die von Graf Adam Fugger und seiner Gemahlin Isabella in der ersten Hälfte des 18. Jahrhunderts vorgenommen wurde, woran das Allianzwappen des gräflichen Paares im oberen Abschluss des zweiten Parallelbogens nach wie vor erinnert.

Mit der Anfertigung des Heiligen Grabes, das 1727 entstand, wurde der Dietenheimer Franz Xaver Forchner, dessen Familie aus Tirol eingewandert war, betraut. Sein sakrales Kunstwerk, das mit 9 Metern Höhe und 8,50 Metern Breite fast den gesamten heutigen Chorraum einnimmt,

♦ Die Bildwände des Heiligen Grabes erinnern an einen barocken Hochaltar.

Dietenheim

◆ Seitliches Kirchenfenster.

◆ Heiligenfigur in St. Martin.

gleicht einer riesigen Kulisse, die mehr als 40 Einzelteile umfasst. Die bis zu 5 Meter hohen Bildwände, die in ihrer gestalterischen Ausführung an einen barocken Hochaltar erinnern, gemahnen in anrührenden Bildern an das Leben und den Leidensweg Christi.

Der alljährliche Auf- und Abbau des Heiligen Grabes sowie der Transport zwischen Präsentations- und Aufbewahrungsort führten zwangsläufig im Lauf der Zeit zu Beschädigungen, die bereits 1872 Restaurierungsarbeiten erforderlich machten. Der Dietenheimer Maler Josef Ziller, der im Zuge der Renovation auch einige Übermalungen vornahm, nutzte die Gunst der Stunde, um sein Missfallen am preußischen Kulturkampf in einem kleinen Detail zeichnerisch festzuhalten: Im linken Teil der Hauptfassade sieht man Jesus, der von Soldaten misshandelt vor den Hohepriester geschleppt wird, zu dessen Füßen sich ein kleiner weißer Hund befindet. Ziller versah das Hündchen mit den unverkennbaren Gesichtszügen des damaligen Reichskanzlers Bismarck. Dieser hatte sich seinerzeit mit dem Versuch, den traditionellen Einfluss der katholischen Kirche auf die Ehe- und Schulgesetzgebung sowie das Bildungs-

Das Heilige Grab gemahnt an den Lebensweg Christi

wesen durch die Einführung neuer Gesetze im Deutschen Reich zu unterbinden, zahlreiche Katholiken zum Feind gemacht.

Infolge der reformierten Liturgie, die ab 1955 eingeführt wurde, verschwand das Heilige Grab auf dem Dachboden von St. Martin, wo es mehr als 20 Jahre lang ungenutzt ruhte. Nachdem das einzigartige Kunstwerk fast in Vergessenheit geraten wäre, wurde es 1977/78 abermals restauriert und ist seither wieder alljährlich während der Karwoche in St. Martin zu bewundern. Die regelmäßigen Transporte sowie die Auf- und Abbauarbeiten haben allerdings in den vergangenen Jahrzehnten erneut zu Schäden geführt, die insbesondere Risse an den Rändern mit sich brachten, weshalb derzeit weitere Sanierungsmaßnahmen ins Auge gefasst werden.

Das monumentale Heilige Grab gemahnt mit seiner prächtigen und perspektivisch fein ausgearbeiteten Darstellung und mit einer Fülle von intensiven Bildern, Symbolen und Spruchbändern an Jesus Christus und seine alttestamentarischen Vorgänger.

Auf der linken Seite der Hauptfassade sieht man Jesus, dessen Hände im Rücken gefesselt sind. Gedemütigt steht er unter dem Hohepriester, der weit über ihm in prächtige Gewänder gehüllt sitzt, während der Gefangene von einem der Soldaten geohrfeigt wird.

Die Szene auf der rechten Seite der Hauptfassade zeigt die legendäre Begegnung von Pontius Pilatus und Jesus. Während der Gottessohn von Soldaten mit Hohn und Spott überzogen wird, thront Pilatus um einige Stufen erhöht unter einem imposanten roten Baldachin und bricht den Stab über ihn. Ein Dienstbote bringt ihm das Wasser, in dem er die Hände in Unschuld waschen will.

Das facettenreiche Heilige Grab von Dietenheim bietet zahlreiche bewegende Darstellungen, die den Leidensweg Christi in intensiver Lebendigkeit von der Gefangennahme über die Geißelung und Dornenkrönung bis zum Sturz unter dem Kreuz und dem Kreuzestod erlebbar machen.

♦ Die katholische Pfarrkirche St. Martin ist bekannt für das Heilige Grab.

Maria-Schnee-Kapelle und Pfarrkirche St. Maria und Selige Ulrika Unterstadion

Am 8. Mai 2013 wurde der hundertste Todestag der 1987 seliggesprochenen Schwester Ulrika Nisch mit Gottesdiensten und Gebeten feierlich begangen. Vor allem im Allensbacher Kloster Hegne gedachte man der einstigen Mitschwester, die sich durch ihren tiefen Glauben, ihre Mitmenschlichkeit und ihre Bescheidenheit auszeichnete. Nach wie vor suchen zahlreiche Menschen das Grab von Ulrika, für deren Seligsprechung eine Wunderheilung ausschlaggebend war, auf und bitten um ihre Fürsprache oder suchen Trost im Gebet.

Auch an ihrem oberschwäbischen Geburtsort Mittelbiberach, der sich etwa drei Kilometer westlich von Biberach befindet, bewahrt man

♦ Innenraum der Maria-Schnee-Kapelle mit Blick auf den Altar.

Unterstadion

die Erinnerung an die auf den Namen Franziska getaufte Schwester, deren Geburtshaus mittlerweile zu einem Zufluchtsort für Schwangere und junge Mütter, die sich in einer schwierigen Lebenssituation befinden, geworden ist.

Diese Nutzung dürfte durchaus im Sinne der Seligen Ulrika sein, die 1882 als uneheliches Kind zur Welt kam und in ausgesprochen ärmlichen Verhältnissen aufwuchs. Bereits im Alter von zwölf Jahren musste sie sich als Magd verdingen, ehe sie 1901 eine Anstellung als Hausmädchen in der Schweiz erhielt, wo sie bald darauf schwer erkrankte. Die fürsorgliche Pflege, welche die Ingenbohler Kreuzschwestern der jungen Frau angedeihen ließen, dürfte wohl entscheidend zu ihrem Entschluss beigetragen haben, selbst Mitglied dieser Kongregation zu werden. Bei ihrem Eintritt in das Provinzhaus der Barmherzigen Schwestern vom Heiligen Kreuz in Hegne erhielt sie 1904 den Ordensnamen Ulrika. Die folgenden Jahre verbrachte sie in verschiedenen Niederlassungen der Kongregation, wo sie in großer Demut ihren Dienst in der Küche versah, weshalb sie zuweilen auch als die »Heilige der Kochtöpfe« bezeichnet wird.

Nachdem sie 1912 an Tuberkulose erkrankt war, kehrte sie nach Hegne zurück, wo sie 1913 im Alter von 30 Jahren starb und auf dem Klosterfriedhof beigesetzt wurde. 1991, vier Jahre nach ihrer Seligsprechung durch Papst Johannes Paul II., erfolgte die Umbettung ihrer sterblichen Überreste in die Krypta der Klosterkirche von Hegne.

Nicht nur in Mittelbiberach und Hegne bewahrt man das Andenken an die früh verstorbene Ordensschwester. Auch in der oberschwäbischen Ortschaft Unterstadion, wo Franziska mit ihren nunmehr verheirateten Eltern und einer ständig wachsenden Schar nachfolgender Geschwister einen Teil ihrer Kindheit verbrachte, bleibt die Erinnerung lebendig. Gleich zwei Gotteshäuser der kleinen, selbstständigen Gemeinde im Alb-Donau-Kreis, die 1192 erstmals urkundlich erwähnt wurde und nur rund 750 Einwohner beherbergt, stehen in enger Beziehung zu der ehemaligen Bewohnerin des Ortes. Gleichwohl findet sich in Unterstadion kein Hinweisschild, das den Besucher auf die moderne Pfarrkirche St. Maria und Selige Ulrika Nisch sowie die wesentlich ältere Maria-Schnee-Kapelle aufmerksam machen würde. Die beiden Gebäude sind dennoch leicht zu finden. Folgt man der Beschilderung zum Gemeindezentrum, gelangt man in die Kirchstraße, wo sich auf der einen Seite etwas erhöht die Pfarrkirche, auf der anderen in einer leichten Senke die kleine Kapelle befindet.

1453 nahm Eberhard von Stein die Grundsteinlegung von Maria Schnee vor. Der Name der schlichten, fast unscheinbaren Kapelle erinnert an eine der sieben Pilgerkirchen von Rom. Santa Maria della Neve, auch Santa Maria Maggiore genannt, geht auf das so genannte

Maria Schnee – schlicht und schnörkellos

Schneewunder zurück: Der Legende nach soll einem kinderlosen römischen Ehepaar die Madonna im Traum erschienen sein und die Erfüllung seines Kinderwunsches versprochen haben, wenn an jener Stelle der Stadt, an der sich am kommenden Morgen Schnee befände, eine Kirche erbaut würde. Am nächsten Tag bedeckte eine zarte Schneeschicht den Esquilin, einen der sieben Hügel Roms, und das dankbare Patrizierpaar, das alsbald mit der Geburt eines Sohnes gesegnet wurde, ließ auf dem Hügel die Kirche »Maria Schnee« errichten.

In den folgenden Jahrhunderten entstanden überall in Europa zahlreiche Gotteshäuser, deren Namen an das Schneewunder erinnert und deren Patrozinium auf den 5. August fällt, den Tag, an dem Santa Maria della Neve geweiht wurde, und die Nacht, in der dem römischen Ehepaar die Madonna im Traum erschien.

Das heutige Erscheinungsbild der Unterstadioner Maria-Schnee-Kapelle entspricht nicht dem, welches Franziska Nisch, die das Gotteshaus häufig zum Gebet aufsuchte, erlebte. Zu Beginn des 20. Jahrhunderts verfügte die Kapelle über ein 1894 angebautes Kirchenschiff, das 1984 zusammen mit dem Turm abgerissen wurde.

Der Innenraum, dessen Wände ganz in Weiß gehalten sind, präsentiert sich schlicht und schnörkellos. Der Blick des Betrachters konzentriert sich unmittelbar auf den Altar, in dessen Mittelpunkt die Muttergottes steht. Auf der linken Seite befindet sich eine wesentlich kleinere Darstellung der Seligen Ulrika, die hier so bescheiden, wie sie gelebt hat, abseitssteht.

Die Grünanlage vor der Kapelle beherbergt auch den modernen Ulrika-Brunnen, dessen künstlerische Gestaltung ebenso wie die der gegenüberliegenden Pfarrkirche auf den Bildhauer Hubert Elsässer zurückgeht. Über dem viereckigen Brunnenbecken erhebt sich eine kurze gedrungene Säule mit der Figur der Seligen. Sie ist von einem massiven Steinkreis umgeben, dessen Reliefs die sieben Werke der Barmherzigkeit darstellen: »Hungernde speisen, Durstige tränken, Fremde und Obdachlose beherbergen, Nackte bekleiden, Kranke pflegen, Gefangene besuchen und Tote bestatten.«

♦ Statue der Seligen Ulrika an der linken Altarseite der Kapelle.

Die gegenüberliegende Pfarrkirche St. Maria und Selige Ulrika Nisch ist ein Ort der Ruhe und Harmonie, der ganztägig zur stillen Einkehr und zum Gebet einlädt. Der Bau, dessen Grundsteinlegung 1980 erfolgte, entstammt einer architektonischen Epoche, die sich augenblicklich keiner großen Popularität erfreut. Die auf den ersten Blick nicht sonderlich spektakulär anmutende Außengestaltung lässt kaum erahnen, welch außergewöhnliche Komposition den Besucher hinter der schweren Eingangstüre aus Metall erwartet. Das Innere entspricht ganz und gar nicht dem Klischee, das Gebäuden aus den 80er-Jahren des 20. Jahrhunderts anhaftet und landläufig zuweilen mit düsterer, langweiliger Biederkeit verbunden wird.

Über dem hellen, lichtdurchfluteten Kirchenraum erhebt sich eine kühne Deckenkonstruktion, die von mächtigen Holzstreben getragen steil ansteigt und in ihrer Formgebung an ein Zeltdach erinnert. Das Zentrum der Kuppel, wo die einzelnen Streben zusammen-

♦ Gegenüber der Maria-Schnee-Kapelle befindet sich die Pfarrkirche St. Maria und Selige Ulrika Nisch.

treffen, ist mit Oberlichtern versehen, die dem Kirchenraum eine großzügige Fülle an Tageslicht spenden.

Im Kontrast zu den kahlen weißen Wänden stehen die prächtigen farbigen Heiligenfiguren aus der Zeit der Gotik, die dem Altarbereich eine andächtige Würde verleihen. Besonders eindrucksvoll ist die Darstellung des Heiligen Martin, der mit dem Schwert seinen Mantel durchtrennt, um diesen mit einem vor ihm knienden Bettler zu teilen.

Eine Nische des Gotteshauses, die 2006 von Weihbischof Johannes Kreidler gesegnet wurde, bewahrt das Gedenken an Ulrika Nisch, die mehr als hundert Jahre zuvor unter ihrem Taufnamen Franziska in Unterstadion lebte. An der rechten Wand der Nische befinden sich ein Porträt der Seligen und ihr Leitspruch: »Kein Maß kennt die Liebe«, welcher von einer großflächigen modernen Glasmalerei, die mit ihrem leuchtenden Sonnengelb einen warmen Akzent setzt, aufgegriffen wird.

♦ Über dem lichtdurchfluteten Kirchensaal erhebt sich eine kühne Deckenkonstruktion. Rechts befindet sich die Ulrika-Nische.

Die »Bussenkirche«
St. Johann Baptist Uttenweiler

Rund sieben Kilometer östlich von Riedlingen thront weithin sichtbar die katholische Pfarr- und Wallfahrtskapelle St. Johann Baptist auf dem Bussen, der mit seinen 767 Metern als höchste Erhebung zwischen Donau und Bodensee gilt. Vermutlich befand sich bereits in vorchristlicher Zeit eine keltische Kultstätte auf dem sagenumwobenen »heiligen Berg Oberschwabens«, dem sogar ein eigenes Lied, das so genannte »Bussenlied« aus der Zeit um 1880 gewidmet ist. Es beginnt mit den Worten: »Ich grüße dich, Maria, Jungfrau rein / Die Mutter Gottes, voll der schönsten Gaben«, und verweist auf die bis heute lebendige Wallfahrt zur schmerzhaften Muttergottes auf dem Bussen.

Zahlreiche Pilger beten auf dem »heiligen Berg Oberschwabens« um die Erfüllung ihres Kinderwunsches oder um die gesunde Geburt ihres Nachwuchses. Die Neugeborenen, die nach einer Bussenwallfahrt das Licht der Welt erblicken, bezeichnet der Volksmund gut schwäbisch als »Bussakendla« (für Nichtschwaben: »Bussenkinder«), wobei sich diese Bezeichnung auch auf die süßen Souvenirs vom »heiligen Berg« bezieht.

805 wurde der geschichtsträchtige Berg, der sich auf der Gemarkung der Gemeinde Uttenweiler befindet, erstmals als Sitz einer christlichen Stätte erwähnt, deren Patron seinerzeit der Märtyrer Leodegar von Autun war. Der heutige

♦ Die »Bussenkirche« ist bis heute ein lebendiger Wallfahrtsort.

Bussenpatron, Johannes der Täufer, ist erst seit 1432 als solcher bezeugt.

Der Neubau der Wallfahrtskapelle auf dem markanten Bergkegel steht in engem Zusammenhang mit einer Legende, der zufolge das Gnadenbild der schmerzhaften Muttergottes an einem Baumstamm in der Nähe des Bussen gefunden worden sein soll.

Am 1. April 1516 nahmen Wilhelm der Ältere von Waldburg-Trauchburg und seine Gemahlin Sybilla von Waldburg-Sonnenberg im Beisein des Zwiefalter Abtes Georg Fischer die feierliche Grundsteinlegung zum Bau der spätgotischen Bussenkirche vor, woran sowohl die Wappen auf dem Grundstein als auch ein Tafelbild aus dem Jahre 1521, welches das Paar mit seinen Kindern andächtig im Gebet versunken darstellt, erinnert.

Von dem spätgotischen Bau des frühen 16. Jahrhunderts blieben allerdings lediglich der Chorraum mit seinen herrlichen Netzgewölben und der markante weithin sichtbare Turm erhalten. Das alte Kirchenschiff wurde 1960 abgerissen und durch einen deutlich größeren modernen Neubau ersetzt, der sich aufgrund seiner enormen Proportionen nicht ganz glücklich in die spärlichen Überreste der spätgotischen Bausubstanz einfügt, was insbesondere die Fernwirkung etwas beeinträchtigt.

Vor Ort relativiert sich allerdings der leicht disharmonische Eindruck. Sowohl im Innern als

◆ Spätgotischer Chorraum mit Netzgewölbe und Gnadenbild.

auch im Äußeren zeigt die Wallfahrtskirche eine durchaus gelungene Verbindung von spätgotischen und neuzeitlichen Elementen.

Das moderne Relief über dem Eingangsportal stellt Mariä Verkündigung dar und stammt von dem Bildhauer, Plastiker und Objektkünstler Professor Josef Henselmann aus Laiz bei Sigmaringen, auf den auch der Altar, die Kanzel und der heutige Strahlenkranz des Gnadenbildes zurückgehen.

Die Gestaltung der Glasfenster aus den 60er-Jahren des 20. Jahrhunderts übernahm Wilhelm Geyer. Im Langhaus thematisieren 14 Fenster das Leben der Muttergottes. Auf der rechten lichtdurchfluteten Seite sind die sieben Freuden Mariens dargestellt, auf der linken, etwas dunkleren, ihre sieben Schmerzen. Jeweils 21 Medaillons an jeder Fensterfront verweisen auf den Stammbaum Jesu und die 42 Generationen von Abraham bis zu Christi Geburt, wie sie im Matthäusevangelium überliefert sind.

Auch die Fenster im Chor, die an die Kirchenpatrone Leodegar von Autun und Johannes den Täufer erinnern, gehen auf den Künstler Wilhelm Geyer zurück.

Von der spätgotischen Ausstattung blieb das Gnadenbild der schmerzhaften Muttergottes erhalten, die trauernd und mit wehmütigem Blick ihren getöteten Sohn auf dem Schoß hält. Bei diesem Werk handelt es sich allerdings nicht um das ursprüngliche Gnadenbild, welches 1584 bei einem Feuer stark in Mitleidenschaft gezogen und bald darauf durch eine Neuschöpfung ersetzt wurde.

1895 schuf der aus Zwiefalten gebürtige und in München lebende Künstler Karl Baumeister die vier heute noch vorhandenen Tafelbilder der so genannten »Bussenheiligen«: die Volksheilige Adelindis von Buchau, die wegen ihrer Mildtätigkeit gegenüber den Notleidenden verehrt wurde, Karl der Große und seine zweite Gattin Hildegard sowie deren Bruder Gerold der Jüngere.

Weitere Darstellungen zeigen Heilige und Selige aus der Umgebung des Bussen: die Selige Ulrika Nisch, die in Unterstadion unweit des »heiligen Berges« den größten Teil ihrer Kindheit verbrachte; die Buchauer Äbtissin Irmengardis, deren Seligsprechung 1928 erfolgte; den Mönch Hermann von Reichenau (auch als Hermann der Lahme bekannt), einen bedeutenden Wissenschaftler und Geschichtskenner des 11. Jahrhunderts, der sich durch seine mathematischen und astronomischen Forschungen auszeichnete; den heiligen Fidelis aus Sigmaringen sowie die Nonne Elisabeth Achler, die selige gute Beth von Reute, die auch als »Passionsblume Oberschwabens« oder »Wundertäterin Schwabens« bezeichnet wird und 1766 durch Papst Clemens XIII. seliggesprochen wurde.

Der »heilige Berg Oberschwabens« ist bis heute ein lebendiger Wallfahrtsort geblieben, dessen Hauptwallfahrtstag der Schmerzensfreitag vor dem Palmsonntag ist. Nach dem Zweiten Weltkrieg wurde die Männerwallfahrt auf den Bussen ins Leben gerufen, die alljährlich am Pfingstmontag stattfindet und zu den großen religiösen Ereignissen der Region zählt.

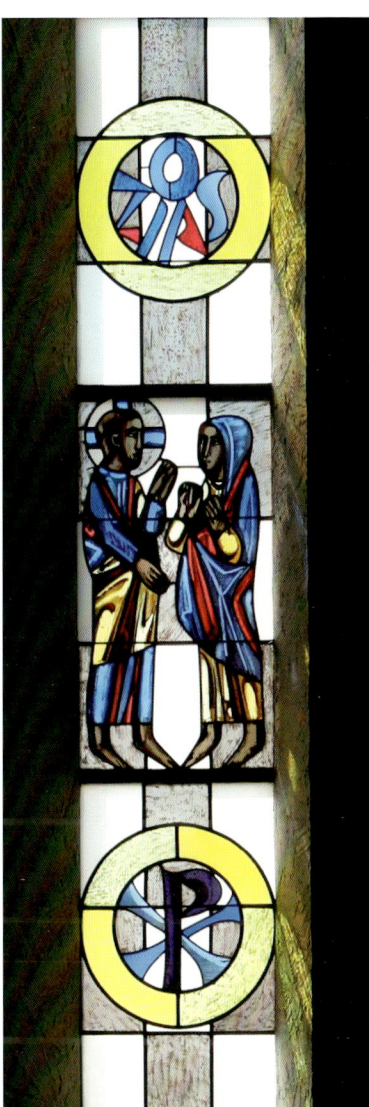

◆ Glasfenster von Wilhelm Geyer.

Unter den oberschwäbischen Gotteshäusern tritt die Biberacher Stadtpfarrkirche St. Maria und Martin als eine der ganz wenigen heute noch existierenden Simultankirchen hervor. Seit mehr als 450 Jahren finden in der Kirche sowohl evangelische als auch katholische Gottesdienste statt, wobei mit der gemeinschaftlichen Nutzung auch der gemeinsame Unterhalt des Gebäudes verbunden ist.

Im 15. Jahrhundert war Biberach an der Riß mit etwa 4000 bis 5000 Einwohnern nach Ulm und Ravensburg die drittgrößte Reichsstadt in Oberschwaben und verfügte dank der europaweiten Beziehungen ihrer Kaufleute, die die

♦ St. Maria und Martin ist eine der wenigen heute noch existierenden Simultankirchen.

♦ Die Uhr über dem Chorbogen erinnert an die Vergänglichkeit des menschlichen Daseins.

◆ Das Langhausfresko von Johannes Zick ist der Heilsgeschichte gewidmet.

Produkte der heimischen Webereien vertrieben, über nicht unbeträchtlichen Wohlstand.

Nachdem sich Biberach 1531 der Reformation angeschlossen hatte, erfuhr St. Maria und Martin wie zahlreiche andere Sakralbauten in reformierten Städten und Ländern einen Bildersturm, der zur Zerstörung zahlreicher wertvoller Kunstgegenstände führte. Gleichzeitig wurde die Schweizer Kirchenordnung eingeführt und die katholische Messe verboten.

Das Verbot währte allerdings nur wenige Jahre. Im Schmalkaldischen Krieg triumphierte Kaiser Karl V. über die »Ketzer«. 1548 wurden die katholischen Gottesdienste wieder zugelassen.

Infolgedessen entstand das Biberacher Simultaneum, die paritätische Nutzung von St. Maria und Martin durch beide Konfessionen. Vermutlich war diese Lösung weniger der religiösen Toleranz zwischen der starken protestan-

◆ Der steil aufragende Westturm aus dem 14. Jahrhundert wurde im späten 16. Jahrhundert erneuert.

62 *Biberach*

tischen Mehrheit und der kleinen katholischen Minderheit geschuldet, sondern entsprang eher praktischen Erwägungen. Denn in der dicht besiedelten Stadt wäre der Bau einer zweiten großen Kirche kaum zu verwirklichen gewesen.

Während andere Simultankirchen, wie zum Beispiel die des Karmeliterklosters von Ravensburg, die beiden Konfessionen räumlich durch Chorgitter oder Mauern trennten, wird St. Maria und Martin weitgehend von katholischen und evangelischen Gläubigen gemeinsam genutzt. Nur wenige Bereiche, darunter die beiden Sakristeien, sind konfessionell unterteilt.

Die im Zentrum der historischen Altstadt gelegene Kirche entstand in der ersten Hälfte des 14. Jahrhunderts als Pfeilerbasilika. Ihr steil aufragender Westturm, der 1584 durch einen Blitzschlag teilweise zerstört und anschließend erneuert wurde, orientierte sich ursprünglich an der Gestaltung der ab Mitte des 13. Jahrhunderts erbauten Reutlinger Marienkirche, die zum architektonischen Vorbild zahlreicher gotischer Sakralbauten wurde.

Die äußerliche Schlichtheit von St. Maria und Martin lässt kaum erahnen, welch reichen Schmuck das Innere birgt. Johannes Zick plante und leitete die 1746 bis 1748 erfolgte Barockisierung des Kirchenraumes, der durch den Stuckator Joseph Mehringer mit feinen Rocaille-Ornamenten versehen wurde.

Eine besondere Herausforderung war für Johannes Zick die Gestaltung der Langhausfresken, die in ihrer Thematik dem Charakter einer Simultankirche entsprechen und beiden Konfessionen gerecht werden mussten. Der Künstler löste den Zwiespalt, indem er im Langhaus ausschließlich solche biblischen Szenen aufgriff, die sowohl von Katholiken als auch von Protestanten akzeptiert werden konnten.

Das große farbenprächtig beschwingte Deckengemälde lässt das schmale Schiff dank Zicks illusionistischer Malereien optisch breiter erscheinen. In zahlreichen lebendigen Szenen ist die Heilsgeschichte von Jesu Geburt über die Anbetung der Hirten und die Beschneidung bis zur Auferstehung und Himmelfahrt dargestellt. Wer genau hinschaut, entdeckt auf einer Treppe am Bildrand Johannes Zick, der sich hier als Beobachter außerhalb des eigentlichen Geschehens verewigt hat.

Äußere Schlichtheit und reicher Schmuck im Innern

Über dem Chorbogen befindet sich eine blaue von Engeln bevölkerte Vorhangdraperie mit einer Uhr, die an die Vergänglichkeit des Lebens gemahnt. Das Sinnbild der Vergänglichkeit wird durch die Darstellung des Sense schwingenden doppelgesichtigen Chronos aufgegriffen, dessen linke helle Gesichtshälfte für die Jugend steht, während die rechte dunkle das Alter symbolisiert.

Im Gegensatz zum Langhaus wird der Chor nicht bikonfessionell genutzt, sondern ist den Katholiken vorbehalten. Dementsprechend greift das dortige Deckenfresko den Triumph und die Verherrlichung der katholischen Kirche auf.

Zisterzienserinnen-Reichsstift Gutenzell

ie Ursprünge des Klosters Gutenzell im Rottal liegen im historischen Dunkel. Vermutlich existierte dort bereits im 12. Jahrhundert eine Zelle, an deren Stelle später das Zisterzienserinnenkloster trat, das 1238 erstmals urkundlich erwähnt wurde. Papst Gregor IX. unterstellte den Konvent, der zu dieser Zeit bereits nach der Ordensregel lebte, seinem Schutz und bestätigte dessen Zugehörigkeit zum Zisterzienserorden.

Kloster Gutenzell, das über etliche Ländereien verfügte und über elf Dörfer die Hoheitsrechte ausübte, erlitt im Lauf seiner Geschichte mehrere schwere Brände, die weite Teile der An-

◆ Die Barockisierung der dreischiffigen Pfeilerbasilika geht auf Dominikus Zimmermann zurück.

◆ Blick auf den prächtigen Hochaltar.

lage schwer beschädigten. Infolge eines Blitzeinschlags wurden 1369 mehrere Gebäude ein Raub der Flammen, was einen zwanzigjährigen Wiederaufbau nach sich zog.

Kaum hatte der Konvent seine Reichsunmittelbarkeit erreicht, brach 1522 erneut ein Brand aus, der seine zerstörerischen Spuren an den Konventsgebäuden hinterließ. Drei Jahre später erschütterte der Bauernkrieg das Land, in dessen Folge Gutenzell wie so viele andere Klöster von rebellierenden Bauern geplündert wurde.

Nach einer Phase des Aufschwungs in der zweiten Hälfte des 16. Jahrhunderts, die mit einer regen Bautätigkeit, insbesondere im Bereich der Ökonomiegebäude, einherging, brachte der Dreißigjährige Krieg neue Schrecken. Der Vormarsch feindlicher Truppen zwang die Zisterzienserinnen mehrfach zur Flucht und zum Verkauf etlicher Besitzungen.

Nach der formalen Beendigung des Krieges durch den Westfälischen Frieden blieb ein ausgeplündertes menschenleeres Land zurück, das sich nur langsam von den Verheerungen erholen konnte. Auch das kriegsbedingt wirtschaftlich geschwächte Reichsstift, das 1631 abermals einem Feuer zum Opfer gefallen war, benötigte etliche Zeit für seinen Wiederaufstieg. Die Beseitigung der Schäden dauerte einige Jahre und brachte den Konvent in finanzielle Bedrängnis,

♦ Die trauernde Muttergottes mit ihrem getöteten Sohn.

sodass die erneuerte Kirche erst 1665 geweiht werden konnte.

Die nun folgende Blütezeit gipfelte 1755/65 in der prächtigen spätbarocken Umgestaltung der Klosterkirche St. Cosmas und Damian durch den Wessobrunner Baumeister und Stuckator Dominikus Zimmermann.

1803 erhielt Graf Joseph August von Toerring das Kloster als Ausgleich für den Verlust seiner linksrheinischen Besitzungen. Gutenzell wurde zum Aussterbekloster. Die Konventsmitglieder erhielten zwar eine kärgliche Rente und die Erlaubnis, bis zu ihrem Tod die Klosterräume zu bewohnen, durften künftig aber keine neuen Frauen mehr aufnehmen. 1864, wenige Jahre nach dem Tod der letzten überlebenden Gutenzeller Klosterfrau, die 1851 verstarb, erfolgte der Abriss weiterer Teile der Anlage.

Glücklicherweise blieb die Pfarrkirche – die nicht, wie man es von einer zisterziensischen Kirche erwarten würde, der Gottesmutter Maria geweiht ist, sondern den orientalischen »Ärzteheiligen« Cosmas und Damian, deren Hilfe vor allem gegen die im Mittelalter weit verbreiteten Seuchen erfleht wurde – verschont.

Ihre spätbarocke Umgestaltung verdankt sie letztendlich dem Klostereintritt von Dominikus Zimmermanns einziger Tochter Franziska, der 1737 erfolgte. Üblicherweise war mit der Aufnahme die Entrichtung einer »Klostermitgift« verbunden, Zimmermann unterbreitete dem Reichsstift jedoch den Vorschlag, stattdessen die Klosterkirche unentgeltlich zu renovieren. Das Vorhaben kam jedoch zunächst nicht zur Ausführung. Erst 1755 konnte unter der Äbtissin Maria Franziska von Gall die Neugestaltung in Angriff genommen werden. In der Klosterkirche erinnern Wappendarstellungen an die Bauherrin und ihre Amtsnachfolgerin Maria Alexandra, wie der Klostername von Dominikus Zimmermanns Tochter lautet.

Das äußerlich schlichte Gotteshaus entfaltet im Innern seine ganze Schönheit. Von beschwingter Leichtigkeit ist die Kanzel, deren Korb von schwebenden Engeln und Putten getragen wird. Darüber erhebt sich anmutig der mit einer weißen Draperie versehene figurenreiche Schalldeckel, der von einer Darstellung Bernhards von Clairvaux bekrönt wird.

Neben den heiteren Stuckornamenten Franz Xaver Feuchtmayers, die sich durch ihre zarte Farbgebung auszeichnen, verdienen vor allem die weitgehend in dunklen Tönen gehaltenen Fresken des Malers Johann Georg Dieffenbrunner Beachtung. Die Darstellungen, deren überwiegend rötlich-braune Kolorierung die lichte Helligkeit des Kirchenraumes nicht beeinträchtigt, zeigen unter anderem die Kirchenpatrone Cosmas und Damian.

Eine besondere, fast schon humoristische Note ist bei der Betrachtung des »letzten Abendmahls« zu entdecken: Zu Füßen des Verräters Judas liegt eine Geldbörse, die den »Judaslohn«

> **Ein einzigartiges Kulturdenkmal: die Barockkrippe**

symbolisiert. Während der schwarz gekleidete, bärtige Judas die Hand danach ausstreckt, stürmt ein frecher Mops auf ihn zu, um sich die Beute zu schnappen.

Ein einzigartiges Kulturdenkmal stellt die Gutenzeller Barockkrippe dar, die alljährlich vom 4. Advent bis Lichtmess besichtigt werden kann. In liebevoller Kleinarbeit fertigten die Klosterfrauen prächtige Kleider für die rund zweihundert Krippenfiguren, wobei wohl Materialreste, die bei der Paramentenherstellung übrig blieben, zum Einsatz kamen. Die detailreiche Krippe, die lange Zeit in Vergessenheit geraten war und erst Ende des 19. Jahrhunderts wieder aus der Versenkung auftauchte, zeigt in bewegenden Szenen, an deren Anfang die Herbergssuche steht, die biblischen Geschehnisse rund um die Geburt des Heilands.

♦ Die ehemalige Klosterkirche ist den orientalischen »Ärzteheiligen« Cosmas und Damian geweiht.

Gutenzell

Folgt man der Oberschwäbischen Barockstraße von Biberach an der Riß Richtung Rot an der Rot, erreicht man ungefähr auf halber Strecke die beschauliche Ortschaft Ochsenhausen, wo sich stolz die markante Silhouette der einstigen Benediktinerabtei erhebt.

Der namensgebende Ochse ist an zahlreichen öffentlichen Plätzen der Stadt präsent. Die Wappendarstellung, die einen aus dem Kirchenportal tretenden Ochsen zeigt, verweist auf die Gründungslegende des Klosters: Unweit der heutigen Anlage soll sich einst ein Benedikti-

♦ Mittelschiff der Klosterkirche St. Georg mit Deckenfresken von Johann Georg Bergmüller.

nerinnenkloster befunden haben, dessen Bewohnerinnen im 10. Jahrhundert vor ungarischen Truppen fliehen mussten. Etliche Jahre später fand ein Bauer beim Pflügen mit seinem Ochsen den Klosterschatz, den die Nonnen vor ihrer Flucht vergraben hatten. Die Entdeckung von Bauer und Rind wurde als göttliches Zeichen interpretiert, an dieser Stelle ein Benediktinerkloster zu errichten.

Das exakte Gründungsjahr von Kloster Ochsenhausen ist nicht bekannt. Historisch gesichert ist lediglich, dass die Klosterkirche 1093 dem heiligen Georg geweiht wurde.

Das Stifterbild, das allerdings erst 1481 im Auftrag des Abtes Jodok Bruder angefertigt wurde und sich heute im Klostermuseum befindet, erinnert an die Stifterfamilie von Wolfertschwenden, auf die die Klostergründung zurückgeht.

Zunächst war Ochsenhausen jedoch lediglich ein Priorat des 1065 erstmals erwähnten Klosters St. Blasien im Südschwarzwald und unterstand damit in allen rechtlichen, wirtschaftlichen und personellen

◆ Die Hauptorgel von Josef Gabler ist ein Meisterwerk der oberschwäbischen Orgelbaukunst.

Belangen dem mächtigen Mutterkloster, das sich der Klosterreform von Cluny angeschlossen hatte und die Ochsenhausener Prioren ernannte.

Rund 300 Jahre lang blieb Ochsenhausen ein Filialkloster von St. Blasien, ehe es 1391 durch Papst Bonifaz IX. seine Selbstständigkeit erhielt und damit auch seine Äbte selbst wählen durfte.

Bereits hundert Jahre später erlangte das oberschwäbische Benediktinerkloster die Reichsunmittelbarkeit, womit sowohl Sitz und Stimme im Reichstag als auch die eigene Gerichtsbarkeit verbunden waren.

Wie viele andere Klöster blieb auch das mittlerweile wohlhabende und bedeutende Ochsenhausen zu Beginn des 16. Jahrhunderts von Bauernaufständen nicht verschont. Nachdem die Ochsenhäusner Klosterbauern bereits 1501 gegen die ihnen auferlegte Fron aufbegehrt und einige Zugeständnisse bewirkt hatten, drangen 1525 im Zuge des Bauernkrieges aufständische Bauern in die Abtei ein.

Während die Rebellion der Bauern rasch niedergeschlagen wurde und durch zahlreiche Hinrichtungen ein blutiges Ende fand, führte die Reformation bald darauf zu einer ernsthaften Existenzbedrohung des Klosters, denn die Reichsstadt Ulm, die seit 1343 die Schutzherrschaft über die Benediktinerabtei von Ochsenhausen innehatte und sich bereits 1531 der Reformation anschloss, versuchte nun, die Ochsenhausener Mönche zur Annahme der neuen Lehre zu drängen. Diese weigerten sich jedoch hartnäckig und suchten die Unterstützung von Abt Gerwig Blarer aus Weingarten, einem der führenden Köpfe der Reformationsgegner im schwäbischen Raum.

Abt Blarer konnte jedoch die Besetzung der Abtei durch die Ulmer 1545 nicht verhindern. Erst eine verheerende Niederlage der Protestanten gegen Kaiser Karl V. im Schmalkaldischen Krieg brachte die entscheidende Wende. Der Kaiser hatte nun die Vorherrschaft über Süddeutschland inne. Infolgedessen übernahm Österreich bis zu Beginn des 19. Jahrhunderts die Schutzherrschaft über das Kloster, das auf Veranlassung Karls V. 1547 Gerwig Blarer als neuen Abt erhielt.

Ab 1615 wurde unter Abt Johannes Lang mit dem Neubau eines mächtigen und weitläufigen Klosterkomplexes begonnen, der an die Stelle der mittelalterlichen Anlage, deren Erscheinungsbild nicht überliefert ist, treten sollte. Bereits dreizehn

◆ Mariensäule auf dem Kirchenvorplatz.

Jahre später wurden die Bauarbeiten durch den Dreißigjährigen Krieg unterbrochen, der nun auch die oberschwäbische Region mit voller Wucht erfasste. Feindliche Truppen und die Pest forderten zahlreiche Opfer.

Plünderungen und Brandschatzungen hinterließen schwere Schäden am Kloster, dessen Chorgestühl und Altäre teilweise angeblich von schwedischen Truppenangehörigen verfeuert worden sein sollen.

Nach dem Ende des Dreißigjährigen Krieges, der weite Landstriche entvölkert hatte, erfolgte 1658 bis 1671 die Fertigstellung des Nordflügels, mit dessen Bau bereits 1628 begonnen worden war.

Das heutige Erscheinungsbild der Klosteranlage geht jedoch weitgehend auf das 18. Jahrhundert zurück, das umfassende Um- und Neugestaltungen der Konventsgebäude mit sich brachte. Nach der Renovierung des südlichen

♦ Chorgestühl in der Klosterkirche von Ochsenhausen.

Traktes wurde 1741 bis 1746 der Ostflügel nach Plänen des Münchner Architekten Johann Michael Fischer neu gestaltet. Wenngleich Fischer an der Ausführung vermutlich nicht persönlich beteiligt war, geht die prächtige fast schlossähnliche Talfront, die gleichsam als Wahrzeichen des Klosters gilt und seine markante Fassade bis heute prägt, weitgehend auf die Entwürfe des Münchners zurück.

Bereits seit dem 17. Jahrhundert befassten sich die Ochsenhauser Mönche intensiv mit der naturwissenschaftlichen Forschung und legten im Lauf der Zeit eine Sammlung von mathematischen und physikalischen Instrumenten und Büchern an. Abt Romuald Weltin verschaffte ihnen 1786 mit der Einrichtung eines Armariums im Erdgeschoss des Nordflügels neben dem Kapitelsaal einen adäquaten Aufbewahrungsort.

Zwei Jahre später ließ der wissenschaftlich interessierte Abt im südöstlichen Turm eine Sternwarte mit einem Azimutalquadranten zur Positionsbestimmung der Gestirne einrichten.

Während der mittlerweile restaurierte Azimutalquadrant nach wie vor in Ochsenhausen zu bestaunen ist, sind die naturwissenschaftlichen Bücher und Geräte heute nicht mehr vorhanden. Sie verschwanden in den Wirren der Säkularisation zu Beginn des 19. Jahrhunderts, in deren Folge das Benediktinerkloster an das spätere Fürstenhaus Metternich fiel.

Bereits 1825 veräußerten die Metternichs das mittlerweile aufgelöste Kloster an das Königreich Württemberg, wobei die »beweglichen Gegenstände« – darunter möglicherweise auch die naturwissenschaftlichen Instrumente und Bücher – in das böhmische Schloss Königswart der Familie Metternich überführt wurden.

In der Folgezeit erlebten die einstigen Klostergebäude verschiedene Nutzungen als Waisenhaus, Ackerbauschule, Kameral- und Forstamt sowie als Lazarett und Lehrerbildungsanstalt.

Seit 1990 befindet sich im Konventsgebäude die Landesakademie für die musizierende Jugend in Baden-Württemberg. Im Südflügel des Fürstenbaus wurde 1999 das Klostermuseum eingerichtet, das anhand zahlreicher Exponate einen informativen Einblick in die Geschichte des Ochsenhausener Klosters vermittelt.

Das ausgedehnte Klosterareal wird nach wie vor zu weiten Teilen von der mittelalterlichen

♦ Kanzel am vierten nördlichen Langhauspfeiler von Aegid Verhelst dem Älteren, Detailansicht des Kanzelkorbes.

◆ Nordostecke der palastähnlichen Klosterfassade auf dem Klosterberg von Ochsenhausen.

Klostermauer umschlossen. Auf dem weitläufigen Platz vor der Klosterkirche St. Georg erhebt sich eine schlanke, hoch aufragende Mariensäule, die von einem filigranen Gitter umgeben ist. Die Säule selbst entstand 1678 und wurde zunächst von einer Madonnenfigur bekrönt, der 1717 die heute noch vorhandene feuervergoldete Statue der Immaculata folgte.

Die ursprünglich romanische Klosterkirche, die 1093 dem heiligen Georg geweiht worden war, wurde Ende des 15. Jahrhunderts durch eine spätgotische Basilika ersetzt, die ihr heutiges inneres und äußeres Erscheinungsbild im Zeitalter des Barock erhielt.

Die Wände des Kirchenraumes mit ihrer zarten Stuckdekoration, die Gesimsfiguren und die Apostelreliefs über den Arkadenbögen sind überwiegend in Weiß gehalten mit nur wenigen goldenen Verzierungen.

Umso intensiver entfalten die 32 Deckenfresken des Mittelschiffs, die unter anderem die Tempelreinigung, Mariä Himmelfahrt und die Grundsteinlegung der Klosterkirche darstellen, ihre lebendige farbliche Pracht. Sie stammen von dem Maler und Kupferstecher Johann Georg Bergmüller, der sie bereits 1729 fertigstellen konnte.

Die Deckengemälde der Seitenschiffe gehen ebenfalls auf ihn zurück, wurden jedoch erst ab 1787 durch seinen Schüler Johann Joseph Anton Huber ausgeführt und zeigen bereits einen leichten Anklang an den frühen Klassizismus.

Deckenfresken schmücken das Mittelschiff

Zu den hervorragendsten Ausstattungstücken von St. Georg zählt die prächtige Kanzel am vierten nördlichen Langhauspfeiler, die der flämische Bildhauer Aegid Verhelst d. Ä., der wenige Jahre zuvor die Augsburger Bürgerrechte erworben hatte, 1742 anfertigte. Die rot-grau marmorierte Kanzel, die mit goldenen Ornamenten geschmückt ist, zeigt sich von beschwingter Leichtigkeit und wird von einem zarten weißen Engel gehalten. Darüber erhebt sich in vollendeter Leichtigkeit ein blauer von Engeln umgebener »Baldachin«, auf dem unter einem mächtigen goldenen Strahlenkranz der heilige Benedikt thront.

Der prächtige Hochaltar geht in seiner heutigen spätbarocken Form auf den Augsburger Kunstschreiner Johann Joseph Obrist zurück. Das relativ breite Altarblatt von 1668 stammt von dem süddeutschen Barockmaler Heinrich Schönfeld, der zu den begnadetsten Künstlern seiner Zeit in dieser Region zählte.

Die von musizierenden Engeln geschmückte Hauptorgel ist ein Meisterwerk der oberschwäbischen Orgelbaukunst, sowohl in technischer als auch in klanglicher Hinsicht. Ihr Schöpfer, der hochbegabte erst 28-jährige gebürtige Ochsenhausener Joseph Gabler, stand noch ganz am Anfang seiner Karriere, als er 1728 mit seiner Arbeit an der Orgel des Klosters begann. Schon bald wurde er nach Weingarten berufen, um für das dortige Kloster eine wesentlich größere Orgel anzufertigen. Joseph Gabler, einer der berühmtesten Orgelbaumeister seiner Zeit, ging so sehr in seiner Tätigkeit auf, dass ihm zuweilen unterstellt wurde, mit dem Teufel im Bund zu stehen.

Dabei war er offensichtlich nicht nur ein Meister seines Fachs, sondern auch ein Meister feinsinnigen Humors: Wenn der Organist ein bestimmtes Register der Hauptorgel von Ochsenhausen betätigt, kommt aus dem am Rückpositiv befindlichen Kirchenportal der namensgebende Ochse heraus, begleitet vom zarten Klang der Kuckucks-Terz.

Prämonstratenserkloster
Rot an der Rot

Das Prämonstratenserkloster Rot an der Rot war die erste Niederlassung des seinerzeit noch jungen Prämonstratenserordens auf schwäbischem Boden. Der Überlieferung nach erfolgte die Gründung 1126 durch Hemma von Wildenberg, die dem oberschwäbischen Adelsgeschlecht von Wolfertschwenden entstammte, und ihren Sohn Kuno. Die verwitwete »Edelfreie« soll angesichts einer Begegnung mit dem Ordensgründer Norbert von Xanten so tief bewegt gewesen sein, dass sie den Prämonstratensern einen Teil ihres Grundbesitzes für die Klosterstiftung überließ. Da die oberschwäbische Klostergründung noch zu Lebzeiten Norberts stattfand, wurde gelegentlich vermutet, er könne persönlich invol-

◆ Ehemalige Abteikirche St. Verena und Mariä Himmelfahrt, Blick zum Chor.

Rot an der Rot

viert gewesen sein, wofür es aber bis heute keinen stichhaltigen Beweis gibt.

Mönchsroth – so der eigentliche Name der neuen Ordensniederlassung – entstand zunächst als Doppelkloster. Während jedoch der Männerkonvent, welcher der Jungfrau Maria geweiht war, bald zu großer Bedeutung gelangen sollte, wurde der benachbarte Frauenkonvent, an den heute keine baulichen Überreste mehr erinnern, bereits Ende des 14. Jahrhunderts aufgelöst.

Das erst wenige Jahre zuvor entstandene Mutterkloster im französischen Prémontré, dem Ursprungsort des Ordens, auf den auch sein Name zurückgeht, entsandte nicht nur Mönche zur Besiedlung des Mönchsrother Klosters, sondern vermutlich auch den ersten Propst Burchard, der die Neugründung rasch zu hohem Ansehen führte. Unter ihm und seinem Nachfolger Odino Truchsess von Waldburg konnte die Gründung mehrerer Töchterklöster vorgenommen und zahlreiche junge Männer für das klösterliche Leben in Mönchsroth gewonnen werden.

Während des Dreißigjährigen Krieges wurde das Kloster, das mittlerweile zur Reichsabtei aufgestiegen war und über umfangreiche Besitzungen im Bodensee-

♦ Trauernde Frauengestalt am ersten linken Seitenaltar.

Stiftskirche St. Cornelius und Cyprianus Bad Buchau

Häufig wurde die Geschichte kolportiert, der architektonisch interessierte Abt habe es sich nicht nehmen lassen, die Entwürfe von St. Verena und Mariä Himmelfahrt höchstselbst anzufertigen, wobei allerdings sein Gestaltungswille deutlich größer als seine statischen Kenntnisse gewesen sein soll. Angeblich sah er erst nach dem Einsturz eines Gewölbes und dem Tod von sechs Bauarbeitern ein, dass professionelle Hilfe vonnöten war.

Wie in zahlreichen anderen Klöstern und Abteien beendete auch in Mönchsroth die Säkularisation das monastische Leben. Infolge des Reichsdeputationshauptschlusses gingen die Ortschaft und die Klosteranlage an die Grafen von Wartenberg. Rot an der Rot – so der nunmehrige Name – diente unter anderem als gräfliches Jagdschloss, ehe 1949 bis 1959 der Versuch unternommen wurde, die einstige Abtei nochmals mit klösterlichem Leben zu erfüllen. Das war letztendlich jedoch zum Scheitern verurteilt. In der Folgezeit übernahm die Diözese Rottenburg-Stuttgart den Komplex und richtete dort das Jugend- und Bildungshaus St. Norbert ein, während die ehemalige Klosterkirche von der katholischen Kirchengemeinde erworben wurde, der sie seither als Pfarrkirche dient.

St. Verena und Mariä Himmelfahrt überragt die hochbarocken Klostergebäude mit ihren verspielten Zwiebeltürmchen, auf die der Spitzname »Oberschwäbischer Kreml« zurückgeht. Die nüchtern und sachlich gestaltete Kirchenfassade präsentiert in ihren Nischen die Statuen der Kirchenpatronin Verena, des Ordensgründers Norbert von Xanten und des heiligen Augustinus, nach dessen Regeln die Prämonstratenser lebten.

Wenngleich Rot an der Rot zu den touristischen Höhepunkten der Oberschwäbischen Barockstraße zählt, erleben wir St. Verena und Mariä Himmelfahrt nicht in jener heiter verspielten Leichtigkeit und überbordenden Fülle, wie wir sie von barocken Gotteshäusern kennen. Der Bau steht vielmehr am Scheitelpunkt von Hochbarock und Klassizismus und zeigt eine ruhige rhythmische Gliederung, die den Innenraum in feierlicher Klarheit und sachlicher Würde erstrahlen lässt. Lediglich die farbintensiven Deckengemälde von Januarius Zick und Andreas Meinrad von Au sowie die prächtigen Altäre und das meisterlich reich geschnitzte Chorgestühl gemahnen an die Stilepoche des Barock.

Eines der wertvollsten Werke der südwestdeutschen Orgelbaukunst

Zu den wertvollsten Werken der südwestdeutschen Orgelbaukunst zählt die elegant klassizistisch gehaltene Hauptorgel auf der Westempore von Johann Nepomuk Holzhey, der zuvor bereits die Mönchsrother Chororgel geschaffen hatte. Das bedeutende Meisterwerk des Ottobrunner Orgelbauers, der auch in Neresheim und Obermarchtal tätig war, zeichnet sich nicht nur durch seinen hervorragenden »französischen Klangcharakter«, sondern auch durch die nüchterne Geradlinigkeit in der Formgebung seines Gehäuses aus.

◆ Die verspielten Zwiebeltürmchen haben dem Kloster den Spitznamen »Oberschwäbischer Kreml« eingebracht.

vorland und auf der Schwäbischen Alb verfügte, mehrfach geplündert. Die Schrecken des verheerenden Krieges, der menschenleere und ausgeraubte Landstriche hinterließ, waren noch kaum überwunden, als das Kloster 1681 von einer großen Feuersbrunst, die weite Teile der Anlage in Schutt und Asche legte, heimgesucht wurde.

In der Folgezeit veranlasste Abt Martin Ertle den Wiederaufbau der Klostergebäude, die in ihrer 1698 vollendeten hochbarocken Form im Wesentlichen bis heute erhalten blieben.

Die Abteikirche St. Verena und Mariä Himmelfahrt, einer der letzten großen Kirchenneubauten Oberschwabens, entstand allerdings erst rund acht Jahrzehnte später und ist in ihrer Gestaltung teilweise der Stilepoche des Klassizismus verhaftet. 1777 ließ Abt Mauritius Moritz den barocken Vorgängerbau sehr zum Verdruss seiner Mitbrüder abreißen und einen Neubau in Angriff nehmen. Nach seinem plötzlichen Tod 1782 sah sich sein Nachfolger Willebold Held in der unerquicklichen Lage, ein unvollendetes Bauprojekt weiterführen zu müssen, das im Grunde die seinerzeitigen finanziellen Möglichkeiten der Abtei überforderte.

♦ Das Deckenfresko im Kirchenschiff von Januarius Zick zeigt den zwölfjährigen Jesus im Tempel von Jerusalem.

Bad Buchau erfreut sich sowohl bei Kurgästen, die in der Adelindis Therme Regeneration und Erholung suchen, als auch bei Naturliebhabern und Geschichtsinteressierten großer Beliebtheit. Besonderer Anziehungspunkt ist der Federsee, ein herrliches Naturparadies mit einer enormen Anzahl an Pflanzen- und Tierarten, sowie das Federseemuseum, das in der Art eines Pfahlbaus errichtet wurde und zahlreiche Fundstücke aus der frühen Besiedlungszeit der Gegend präsentiert.

Um 770 gründeten die langobardische Herzogstochter Adelindis und ihr Gatte, der fränkische Gaugraf Warin, auf einer Insel des seinerzeit wesentlich größeren Federsees ein Frauenstift, in dessen Umfeld nach und nach eine Ansiedlung entstand, die schließlich zu einer kleinen

♦ Blick auf die klassizistische Westempore und die moderne Orgel von 1967.

Bad Buchau 85

Stadt heranwuchs, welche mindestens ab 1320 den Status einer freien Reichsstadt hatte.

Drei Frauen, die den Namen Adelindis tragen, sind auf das Engste mit der frühen Geschichte des Damenstifts verbunden. Rund 130 Jahre nachdem die langobardische Herzogstochter und ihr Gemahl das Stift ins Leben gerufen hatten, erfuhr dieses durch Adelindis, die Gattin des Gaugrafen Ato, eine Wiederbelebung. Ihre gleichnamige Tochter, die spätere Äbtissin Adelindis, trat – sehr zum Missfallen ihrer Brüder – in das Frauenstift ein. Als Beringer, Reginolf und Gerhard, die der Überlieferung zufolge keine sonderlich liebenswerten Zeitgenossen gewesen sein sollen, den Versuch unternahmen, ihre Schwester zu entführen, wurden sie im Richtung Steinhausen gelegenen Plankental erschlagen.

◆ Der Chorraum mit Chorgestühl sowie Haupt- und Hochaltar.

An der Stelle, an der die drei jungen Männer den Tod fanden, befindet sich die Plankentalkapelle St. Adelindis, die in ihrer heutigen Form 1886 errichtet wurde. Wandfresken, die kurz nach dem Zweiten Weltkrieg entstanden, erinnern an die Namensgeberin, ihre früh verstorbenen Söhne und die Nachricht vom Tod ihres Gatten, die Adelindis nach langer Ungewissheit um den Verbleib ihres Mannes Ato im Plankental erhielt.

Einige Zeit später entschied sich die verwitwete Gaugräfin, ebenso wie ihre Tochter Mitglied des Buchauer Damenstifts zu werden, das sie mit nicht unbeträchtlichen Schenkungen bedachte. Dank ihres karitativen Engagements wurde sie rasch als Volksheilige verehrt. Bis zur Aufhebung des Stifts behielten ihre Nachfolgerinnen die auf Adelindis zurückgehende Tradition, Brot an die Armen zu verteilen, bei und bedachten alljährlich am 28. August, dem Gedenktag der Volksheiligen, die Bedürftigen der Stadt mit Backwerk.

Heute erinnert das alle zwei Jahre stattfindende Adelindisfest, das seit 1924 als Heimat- und Kinderfest mit Musik und einem Festumzug begangen wird, an die große Wohltäterin der Not leidenden Bevölkerung von Buchau.

Adelindis' sterbliche Überreste und die Gebeine ihrer jung verstorbenen Söhne Beringer, Reginolf und Gerhard sollen sich in der romanischen Krypta unter dem Chor der Stiftskirche St. Cornelius und Cyprianus befinden. Vermutlich diente die schlichte Krypta, die sich trotz einiger Ausstattungsstücke aus dem 20. Jahrhundert ihren romanischen Charakter bewahren konnte, im Mittelalter als Ort der Verehrung der Reliquien der Heiligen Cornelius und Cyprianus, die teilweise durch Kaiser Ludwig den Frommen, Sohn und Nachfolger von Karl dem Großen, nach Buchau gelangten.

Das Kanonissenstift Buchau, dem zahlreiche Frauen aus den vornehmsten adeligen Familien der Region angehörten, wurde im Zuge der Säkularisation aufgelöst und fiel 1802 an die Fürsten von Thurn und Taxis, die es zunächst als Schloss und Verwaltungssitz nutzten. In den 30er-Jahren des 20. Jahrhunderts veräußerte die fürstliche Familie die Konventsgebäude an die nationalsozialistische Volkswohlfahrt, die dort eine Ausbildungsstätte einrichtete. Nach dem

♦ Die Stuckfiguren über den Beichtstühlen erinnern an christliche Büßer und Büßerinnen.

Bad Buchau 87

Zweiten Weltkrieg dienten die Gebäude vorübergehend als französische Kaserne, ehe sie von der Caritas als Kinderheilstätte genutzt wurden. Heute befindet sich die Schlossklinik Bad Buchau, eine Rehabilitationsklinik für Neurologie und Psychosomatik, in den ehemaligen Konventsgebäuden, die daher für die Allgemeinheit nicht zugänglich sind.

Die Stiftskirche St. Cornelius und Cyprianus ist zwei frühchristlichen Märtyrern geweiht, die im 3. Jahrhundert n. Chr. für ihren Glauben starben und nach wie vor an zahlreichen Orten gemeinsam verehrt werden.

Das heutige Erscheinungsbild der nunmehrigen katholischen Pfarrkirche geht in weiten Teilen auf das 18. Jahrhundert zurück, wenngleich die Außenansicht die wesentlich älteren Wurzeln des Gotteshauses durchaus erahnen lässt. Trotz unterschiedlicher Stilelemente und verschiedener Bauphasen zeigt sich die Kirche mit ihrem steilen Satteldach und den hohen »gotisierenden« Fenstern, die fast die ganze Höhe des Gebäudes ausfüllen, als harmonisches Ensemble. Lediglich der modern gestaltete Eingangsbereich vermag den

♦ Agatha- und Nepomukaltar im Südschiff. Die Türe dazwischen führt zur Sakristei und in die Krypta.

gelungenen Eindruck etwas zu beeinträchtigen. Er trat 1958 als praktische überdachte Verbindung zwischen Kirche und Stiftsgebäude anstelle des ursprünglich geplanten Portalbaus, der seinerzeit jedoch nicht zur Ausführung kam.

Im rechten Seitenschiff der Kirche erinnert eine Gedenktafel an die letzte Stiftsäbtissin Maximiliana von Stadion zu Thann und Warthausen. Sie beauftragte den französischen Architekten Pierre Michel d'Ixnard – einen der wichtigsten Vertreter des Klassizismus im südwestdeutschen Raum –, auf den die wenige Jahre zuvor erfolgte Neugestaltung der Buchauer Stiftsgebäude zurückgeht, mit dem Umbau des Gotteshauses, nachdem deutlich geworden war, dass eine reine Instandsetzung und Modernisierung kein befriedigendes Ergebnis bringen würde.

◆ Deckenfresko von Andreas Brugger von 1775/76. Der Ausschnitt zeigt die langobardische Herzogstochter Adelindis, die im Beisein Ludwigs des Frommen die Gründungsurkunde des Stifts präsentiert.

Obwohl beim Umbau 1774 bis 1776 der mittelalterliche Grundriss der Stiftskirche beibehalten wurde, waren die Maßnahmen so weitreichend, dass sie in ihrem Ergebnis schon fast an einen Neubau grenzten.

Die Buchauer Stiftskirche St. Cornelius und Cyprianus, die am 14. September 1776 durch den Konstanzer Fürstbischof Maximilian Christoph von Rodt geweiht wurde, zählt neben der Stiftskirche St. Jakobus in Hechingen, die 1780 bis 1782 nach Plänen von d'Ixnard errichtet wurde, zu den frühesten Sakralbauten des Klassizismus in Süddeutschland.

Wenngleich St. Cornelius und Cyprianus im Äußeren verschiedene Stilelemente vereinigt, präsentiert sich der Bau im Inneren deutlich als Schöpfung des Klassizismus. Beherrschender Raumeindruck ist die Flachdecke des Mittelschiffs, die bei der Neugestaltung im 18. Jahrhundert eingefügt wurde und die Raumhöhe gegenüber dem mittelalterlichen Original enorm verringerte. Gleichwohl wirkt das Kirchenschiff dank seiner Helligkeit nicht gedrungen und erinnert beinahe an einen Festsaal. Die lichtdurchflutete dreischiffige Halle

♦ Das äußere Erscheinungsbild von St. Cornelius und Cyprianus geht auf verschiedene Bauphasen zurück.

zeigt sich klar gegliedert und von geometrischer Strenge, wobei gestalterisch die Farben Weiß und Gold dominieren.

Korinthische Pilaster mit vergoldeten Kapitellen sind den Säulen vorgelagert, welche das Mittelschiff von den Seitenschiffen trennen. Dazwischen hängen die Emporen, die mit goldumrandeten Medaillons von Johann Georg Mesmer geschmückt und stilistisch dem seinerzeit zu Ende gehenden Spätbarock geschuldet sind.

Auch die westlich gelegene Orgelempore, die von zwei mächtigen Atlanten getragen wird, präsentiert sich mit fein ausgearbeiteten Emporenreliefs. Die Orgel selbst ist eine moderne Schöpfung aus dem Jahre 1967, die sich dank ihrer geradlinigen und schlichten Gestaltung jedoch harmonisch in das Raumbild einfügt.

Der einfache schmucklose Steinaltar im Chor setzt einen weiteren neuzeitlichen Akzent.

Der überwiegend in Weiß und Gold gehaltene reiche Relief- und Figurenschmuck findet seine Ergänzung in großflächigen, farblich eher dezent gehaltenen Deckengemälden, welche die »vornehme Feierlichkeit und fürstliche Würde« des Kirchenraums unterstreichen. Das Hauptschiff wird von einem enormen rechteckigen Deckenfresko beherrscht, das von dem Kressbronner Maler Andreas Brugger, einem Schüler von Franz Anton Maulbertsch, geschaffen wurde. Die Darstellung, in deren Mittelpunkt Mariens Krönung steht, greift zwei wichtige Begebenheiten aus der Geschichte des Buchauer Damenstifts auf. Eine Szene bezieht sich auf die Klostergründung. Man sieht Adelindis, die im Beisein Ludwigs des Frommen die Gründungsurkunde präsentiert. In den Wolken darüber schweben die beiden frühchristlichen Märtyrer Cornelius und Cyprianus, während sich am Boden die Leichen der getöteten Brüder Beringer, Reginolf und Gerhard befinden.

Ein Teil des Hauptdeckenfreskos erinnert an die Bauherrin

Die westliche Seite des Hauptdeckenfreskos erinnert an die Bauherrin der Stiftskirche Maximiliane von Stadion zu Thann und Warthausen. Das Stiftswappen und ihr Familienwappen verweisen auf die hohe Stellung der Fürstäbtissin, die einen Plan der Konventanlage in der Hand hält.

Im Nordschiff hält eine Holzplastik von Max Strobel aus dem Jahre 1931 das Gedenken an die einstige Buchauer Äbtissin Irmengardis, die 1928 seliggesprochen wurde, wach. Ihre Arme sind weit ausgebreitet, das Haupt hält sie demütig gesenkt, während ihre Hand den Ordensstab umfasst. Die bescheidene Haltung lässt ihre vornehme Herkunft nicht erahnen. Irmengardis, die um 857 in das Benediktinerinnenkloster Frauenchiemsee übersiedelte, war eine Urenkelin von Kaiser Karl dem Großen und Tochter Ludwigs des Deutschen.

Besucher Bad Buchaus sollten sich das nahe der heutigen katholischen Pfarrkirche St. Cornelius und Cyprianus gelegene Stiftsmuseum nicht entgehen lassen. Es präsentiert eine interessante Vielfalt an sehenswerten sakralen Kunstwerken.

Wallfahrtskirche St. Peter und Paul Steinhausen

Zu den schönsten Gebäuden der Oberschwäbischen Barockstraße, die mit einer wahren Fülle an bedeutenden Kunstwerken gesegnet ist, zählt die herrliche Wallfahrtskirche St. Peter und Paul im Bad Schussenrieder Teilort Steinhausen. Weithin sichtbar überragt das viergiebelige Gotteshaus mit seinem schlanken, 60 Meter hohen Glockenturm und den prägnanten Ziegeldächern das kleine Dorf, das 1806 zu Württemberg kam.

Die »schönste Dorfkirche der Welt« setzt den glänzenden Höhepunkt im reichhaltigen Werk des begnadeten Baumeisters Dominikus Zimmermann, der im Zusammenwirken mit seinem

◆ Detailansicht des Hochaltars mit dem Gnadenbild.

Steinhausen

♦ Gesamtansicht des Innenraums mit Blick auf den Hochaltar und in den Chor.

Bruder Johann Baptist Zimmermann, dessen Söhnen Johann Joseph und Franz Michael sowie mit zahlreichen weiteren talentierten Künstlern einen anmutigen Bau von unvergleichlicher Schönheit schuf.

Bereits im 14. Jahrhundert existierte in Steinhausen, das seinerzeit dem Prämonstratenserkloster Schussenried angehörte, eine Marienwallfahrt. Durch das um 1415/20 entstandene Gnadenbild der Schmerzhaften Muttergottes, die mit traurigen Augen den misshandelten Leichnam ihres Sohnes auf dem Schoß hält, gewann die Wallfahrt rasch an Popularität. Zu Beginn des 18. Jahrhunderts waren die Pilgerströme schließlich so angewachsen, dass die alte Wallfahrtskirche die

♦ Hauptdeckenfresko von Johann Baptist Zimmermann, 1731. Im Bildmittelpunkt Mariä Himmelfahrt. Die Figuren am Bildrand symbolisieren die damals bekannten vier Erdteile.

Gläubigen nicht mehr aufnehmen konnte, was einen Neubau erforderlich machte.

Im Rückblick darf man es wohl als Glücksgriff der Kunstgeschichte betrachten, dass der Schussenrieder Abt Didacus Ströbele von der Priorin des nahe gelegenen Klosters Sießen M. Josepha Baizin die Empfehlung erhielt, Dominikus Zimmermann, der seinerzeit die Klosterkirche der Sießener Dominikanerinnen schuf, mit dem Auftrag zu betrauen.

Nachdem 1728 der Grundstein gelegt worden war und die Bauarbeiten in der Folgezeit rasch voranschritten, verblieb dem kunstsinnigen Schussenrieder Abt nur wenig Zeit, um sich an dem Kirchenneubau, den er in Auftrag gegeben hatte, zu erfreuen. 1733 musste er wegen »Charakterschwäche« und angeblicher Nachsichtigkeit gegenüber den Konventualen zurücktreten, was mit seiner Strafversetzung einherging. Inwieweit die exorbitanten Kosten für den Neubau der Steinhausener Wall-

◆ Die Wallfahrtskirche St. Peter und Paul gilt als »schönste Dorfkirche der Welt«.

fahrtskirche, die von den ursprünglich veranschlagten 9000 auf 43 000 Gulden anwuchsen, und am Ende gar auf 50 000 Gulden, zu seiner Degradierung beitrugen, ist bis heute umstritten. Sicherlich war der aufwändige Bau, der alle Kalkulationen sprengte, eine enorme finanzielle Belastung. Gleichwohl verfügte das nunmehrige Reichsstift Schussenried über derart umfangreiche Besitztümer, dass es durch die hohe Kostensteigerung nicht ernsthaft in wirtschaftliche Bedrängnis geraten sein dürfte.

Das wunderbar anmutig gestaltete Äußere der Steinhausener Wallfahrtskirche, die sich seit 1865 im Besitz der örtlichen Kirchengemeinde befindet, der damit auch der Bauunterhalt obliegt, ist gleichsam ein Versprechen, das im Inneren mehr als erfüllt wird.

Der lichtdurchflutete ovale Hauptraum wird von zehn freistehenden weißen Säulen mit reich geschmückten Kapitellen, über denen das farbenprächtige Kuppelgewölbe schwebt, umrundet. Zehn Apostelfiguren, darunter Matthias als Patron der Zimmerleute, krönen die in zarten Pastelltönen stuckierten Pfeilerkapitelle und bilden gleichsam den Übergang zum Hauptdeckenfresko, das 1731 von Johann Baptist Zimmermann geschaffen wurde.

Der Bildmittelpunkt ist in hellen dezenten Farben gehalten und zeigt die weiß gekleidete Muttergottes von musizierenden Engeln umringt bei ihrer Aufnahme in den Himmel. Ganz anders die beiden Szenen am westlichen und östlichen Bildrand, die sich durch kräftige Farbtöne und bemerkenswerte Landschaftsdarstellungen auszeichnen. Auf der einen Seite sieht man Adam und Eva im Paradies, auf der anderen einen Barockgarten mit Springbrunnen. Die weiteren Figurengruppen am Bildrand symbolisieren die vier damals bekannten Erdteile Europa, Afrika, Asien und Amerika.

Auch das Chorfresko thematisiert den Eintritt in den Himmel. Im lichtdurchfluteten Bildzentrum erwarten Gottvater und der Heilige Geist die Ankunft des auferstandenen Jesus, während fröhlich musizierende Engelschöre die Szene beleben.

Die überaus reichen Stuckaturen von Dominikus Zimmermann zählen zu den schönsten und interessantesten Kunstwerken ihrer Art, die das 18. Jahrhundert vorzuweisen hat, und sind wahrlich eine Entdeckungsreise wert. Zwischen Blumenranken und Blattwerk tummeln sich neben zahlreichen fröhlichen Putten liebevoll bis ins Detail ausgearbeitete Tiere. Da sieht man ein Eichhörnchen, das an Früchten knabbert, die Fütterung eines jungen Kuckucks, ein Elsternest mit vier jungen Vögeln und einen frechen Specht, der mit seinem klopfenden Schnabel die Wand malträtiert. Blumen und Pflanzengirlanden in zarten Pastelltönen werden von zierlichen Fliegen, Spinnen und Käfern bevölkert, die so lebensecht ausgeführt sind, dass man sich mitten in der von Gott geschaffenen Natur wähnt.

> **Das Chorfresko thematisiert den Eintritt in den Himmel**

Prämonstratenser-Reichsabtei Schussenried

Im Jahre 1183 übereigneten die Brüder Beringer und Konrad von Schussenried, welche Dienstmannen der Welfen waren, ihren Besitz dem Prämonstratenserorden, der noch im selben Jahr ein Kloster in Schussenried gründete. Mönche aus dem Prämonstratenserkloster Weißenau bei Ravensburg besiedelten die neue Niederlassung, der sich auch die beiden kinderlosen Stifter Beringer und Konrad anschlossen.

Ein Jahr bevor der Westfälische Frieden den Dreißigjährigen Krieg 1648 formal beendete, erhielt das mittlerweile zur Reichsabtei aufgestiegene Schussenrieder Kloster ungebetenen Besuch von feindlichen schwedischen Truppen, die den Besitz einer gründlichen Plünderung un-

◆ Die Klosterbibliothek im Nordflügel entstand 1754–61 unter Abt Nikolaus Kloos.

◆ Die überlebensgroßen Statuen vor den Doppelsäulen repräsentieren die Kirchenlehrer und Häresien.

terzogen und die Gebäude in Brand steckten. In der Folgezeit wurden die beschädigten Klosterbauten zwar wieder hergestellt, konnten jedoch in ihrer schlichten Gestaltung dem gesteigerten Repräsentationsbedürfnis jener Zeit bald nicht mehr genügen. Daher entstand bereits um 1700 der Wunsch nach einem umfassenden Neubau, der zunächst jedoch an der mangelnden Liquidität der Abtei scheiterte, die in jenen Jahren nicht über das erforderliche Kapital verfügte, weshalb bis 1746 lediglich die Barockisierung der Kirche erfolgen konnte.

1748 entwarf Dominikus Zimmermann, der im Auftrag des Schussenrieder Abtes Didacus Ströbele bereits die neue Wallfahrtskirche des Klosterdorfes Steinhausen erbaut hatte, den Idealplan für einen monumentalen Klosterkomplex, den er durch ein heute noch existierendes Holzmodell anschaulich verdeutlichte. Der Konvent zeigte sich zwar von Zimmermanns Plänen angetan, gleichwohl war das Projekt derart überdimensioniert, dass seine Umsetzung die finanziellen Möglichkeiten der durchaus wohlhabenden Abtei überfordert hätte, sodass nur ein Teil der ursprünglichen Planung zur Ausführung kam.

Im Rahmen der Säkularisation erfolgte 1803 die Auflösung und Enteignung der Schussenrieder Prämonstratenser-Reichsabtei. Die ehemalige Klosterkirche St. Magnus dient seither der katholischen Gemeinde als Pfarrkirche. Die weitere Nutzung der Anlage erscheint aus heutiger Sicht teilweise etwas inadäquat, was insbesondere für die

♦ Der hoch aufragende Zwiebelturm von St. Magnus wurde zum Wahrzeichen von Schussenried.

In einem der Seitenschiffe begegnet man dem heiligen Augustinus, nach dessen Ordensregeln die Prämonstratenser lebten, im anderen dem Kirchenpatron St. Magnus von Füssen, dessen strahlenumkränzte Statue sich im Hochaltar wiederfindet.

Ein ganz besonderes Kleinod ist das herrliche Chorgestühl von Georg Anton Machein aus Überlingen, dessen überbordender Detailreichtum eine grandiose Fülle schönster Schnitzereien zeigt. Im unteren Bereich tummeln sich verschiedene Tiere zwischen liebevoll ausgearbeiteten Pflanzen, über denen sich Geister und Dämonen als Symbol des Lasters und des Bösen erheben. Das im Mittelteil dargestellte Menschengeschlecht überwindet sinnbildlich diese Niederungen und erfährt durch die Heiligen und Seligen im oberen Bereich seine höchste Weihe.

Schussenried

hochgebildeten Schussenrieder Ordensbruder Kaspar Mohr, dem der Ruf anhaftete, ein Universalgenie zu sein. Der vielfältig talentierte Mönch war nicht nur ein fähiger Uhrmacher, Musiker und Orgelbauer, sondern betätigte sich darüber hinaus auch als Maler, Schlosser, Schmied und Gärtner. Seine besondere Bedeutung erlangte er als »fliegender Chorherr«. Und als solcher ist er auf dem Deckengemälde der Bibliothek auch dargestellt: Einem Vogel gleich trägt er Federflügel auf dem Rücken, die marionettenartig mit seinen Händen und Füßen verbunden sind. Angeblich wollte er mit dieser hand- und fußbetriebenen Maschine einen Flug aus dem dritten Stock unternehmen, was ihm vom Abt allerdings verboten worden sein soll.

Das riesige Deckenfresko der lichtdurchfluteten Schussenrieder Bibliothek, die schon allein aufgrund ihrer enormen Ausmaße von 27 Metern Länge und knapp 14 Metern Breite beeindruckt, ist eine wahre Entdeckungsreise, für die man viel Zeit mitbringen sollte.

Wie es einem Prämonstratenserkloster geziemt, ist ein Bereich der vielfältigen Malereien dem Ordensgründer Norbert von Xanten vorbehalten, der die Reformbewegung zu Beginn des 12. Jahrhunderts ins Leben rief.

Das detailreich ausgearbeitete Bildprogramm ist auch eine Reminiszenz an die Wissenschaft, die Kunst und die Gelehrsamkeit und verweist gleichzeitig auf die Funktion der Bibliothek als »Sitz der Weisheit«, woran ein reich geschmücktes Stuckrelief mit der lateinischen Inschrift »Sedes sapientiae magnificata a Nicolao antistite« erinnert. Es gemahnt an die Audienz des Marchtaler Abtes Nikolaus bei Ludwig XIV. von Frankreich. Die Übersetzung ins Deutsche lautet: »Sitz der Weisheit, verherrlicht von Abt Nikolaus.«

Die ehemalige Kloster- und heutige Pfarrkirche St. Magnus, deren hoch aufragender Zwiebelturm zum Wahrzeichen Schussenrieds wurde, geht auf mehrere Bauphasen zurück. Ihr spätromanischer Kern stammt noch aus der Anfangszeit des Klosters, dessen Konvent bereits zwei Jahre nach der Gründung mit dem Bau des Gotteshauses begann. Im 15. Jahrhundert erfuhr die dreischiffige, achtjochige Pfeilerbasilika mehrere gotische Umgestaltungen und Erweiterungen, ehe sie schließlich 1717 bis 1746 barockisiert wurde.

Die ehemalige Abteikirche verdankt ihre besondere Raumstimmung dem harmonischen Einklang verschiedener Stilepochen, wobei sich die barocken Elemente auf das Gelungenste in die ältere Bausubstanz einfügen.

Im Tonnengewölbe des Mittelschiffs schuf der Maler Johannes Zick Mitte des 18. Jahrhunderts ein großes Fresko, das in zahlreichen szenischen Darstellungen das Leben und segensreiche Wirken des Ordensgründers Norbert von Xanten verherrlicht. Die Huldigung setzt sich in den fast zeitgleich entstandenen Chormalereien von Gabriel Weiß fort, die ebenfalls dem heiligen Norbert gewidmet sind.

> Ein ganz besonderes Kleinod ist das Chorgestühl

1840 erfolgte Einrichtung eines Hüttenwerks gilt. 1875 übernahm eine Klinik für psychisch kranke Menschen einen Teil der früheren Konventsgebäude, in deren Umfeld im 19. und 20. Jahrhundert etliche Klinikneubauten entstanden.

Der berühmteste Patient der psychiatrischen Einrichtung war Gustav Mesmer, der im Lauf seines über 90-jährigen Lebens zahlreiche Fluggeräte entwickelte, die allesamt ausschließlich auf reiner Muskelkraft basierten. Sein Erfindungsgeist brachte ihm weder Erfolg noch Anerkennung, sondern die Diagnose Schizophrenie und »Erfinderwahn« sowie 35 Jahre hinter Anstaltsmauern, denen er trotz zahlreicher Fluchtversuche erst 1964 entkommen konnte. Die letzten drei Jahrzehnte seines langen entbehrungsreichen Lebens verbrachte der »Ikarus vom Lautertal« auf der Schwäbischen Alb, wo er bis heute in den Gedanken der Lautertalbewohner als liebenswertes Original weiterlebt.

Einem weiteren Flugpionier begegnen wir im spätbarocken Bibliothekssaal, der 1754 bis 1761 unter Abt Nikolaus Kloos entstand. Eine Darstellung des reich bebilderten großen Deckenfreskos erinnert an den

♦ Die ehemalige Abteikirche verdankt ihre besondere Raumstimmung dem harmonischen Einklang verschiedener Stilepochen.

Kloster Sießen, das sich auf einer landschaftlich reizvoll gelegenen Anhöhe etwa drei Kilometer von Bad Saulgau entfernt befindet, zählt zu den hervorragendsten Klosteranlagen »im Himmelreich des Barocks«. Das liebenswerte Kleinod, das seit 1860 unter der Obhut der Kongregation der Franziskanerinnen von Sießen steht, soll kein Ziel des Massentourismus werden, sondern ein Ort der stillen Einkehr und des Gebetes bleiben, an dem »das Wort Gottes gelebt wird«. Gleichzeitig ist das Kloster auch eine Begegnungsstätte, in der Gäste willkommen sind, die für einige Tage mit den Franziskanerinnen leben oder am Gebet in der Kapelle teilnehmen möchten. Alljährlich kommen zahlreiche große und kleine Besucher zu den Franziskusfesten für Kinder und Jugendliche, während der Franziskusgarten

♦ Innenraum von St. Markus mit Blick zum Hochaltar.

dazu einlädt, die Nähe zu Gottes Schöpfung in all ihrer Harmonie zu erleben.

Die Ursprünge des Klosters reichen wesentlich weiter zurück, als die prächtigen, fast schlossähnlichen, überwiegend im Stil des Barock errichteten Gebäude vermuten lassen, die das heutige Erscheinungsbild in weiten Teilen prägen.

1259 schenkten »die edle Ritter von Strahlenegg, nämlich Herr Steinmar, samt seinen 3 Söhnen Wolfart, Steinmar und Friedrich von Strahlenegg« dem 1251 erstmals urkundlich erwähnten Schwesternkonvent von Saulgau einen Hof im nahe gelegenen Sießen, wohin die sechs Schwestern 1260 übersiedelten.

Obwohl die Ritter von Strahlegg dem Sießener Konvent einige örtliche Besitzungen und das Patronatsrecht der dortigen Kirche übertrugen, lebten die Dominikanerinnen zunächst in derart prekären Verhältnissen, dass sie zeitweise kaum über das Überlebensnotwendigste verfügten. Erst als Mechtildis, die Äbtissin von Buchau, dem Kloster durch die Überlassung einiger Güter unter die Arme griff, ging es den Sießener Schwestern materiell etwas besser. Im 14. Jahrhundert sorgten weitere Schenkungen, der Erwerb von einigen Besitzungen und die Mitgift, die neue Ordensfrauen in das Kloster einbrachten, für eine gefestigtere wirtschaftliche Situation des Sießener Konvents.

◆ Innenraum mit Blick zur Orgelempore.

Gleichwohl zählte Sießen seinerzeit nicht gerade zu den wohlhabenden Klöstern in Oberschwaben, wofür immer wieder auch die Schutzvögte des Klosters mitverantwortlich gemacht wurden. Zunächst oblag die weltliche Schutzherrschaft den Grafen von Friedberg, ehe sie 1452 an den Truchsessen von Waldburg (-Scheer) fiel. Mehrfach kam es zu tief greifenden Konflikten zwischen den Dominikanerinnen und ihrer weltlichen Schutzherrschaft, wobei den Ausführungen eines Chronisten zufolge »der Schutzvogt seine Stellung dem Kloster gegenüber in einer Weise missbrauchte, dass man im Kloster an das Wort denken konnte: ›Gott schütze mich vor meinen Freunden, vor meinen Feinden kann ich mich selbst schützen.‹«

Während des Dreißigjährigen Krieges wurde das Dominikanerinnenkloster 1632/34 von schwedischen Truppen geplündert und die Scheuern angezündet. 1674 folgte ein schwerer Brand; 1688 und 1702/04 brachten der Pfälzische und der Spanische Erbfolgekrieg neue Verwüstungen und hohe Kosten.

Schließlich erfolgten ab 1716 weitreichende Baumaßnahmen, welche sowohl der Baufreude der Priorin M. Josepha Baizin als auch dem maroden Zustand der Klosteranlage, die unter den Bränden schwer gelitten hatte, geschuldet waren. Nach den Plänen des Baumeisters Franz I. Beer aus der legendären Auer Zunft in Vorarlberg entstand zwischen 1716 und 1722 eine repräsentative regelmäßige Vierflügelanlage mit markanten Eckpavillons, die sich um einen quadratischen Kreuzgarten gruppiert, wobei die wenig später errichtete Kirche ähnlich der von Ottobeuren in der Mittelachse steht. Das gesamte Ensemble zeichnet sich durch seine im Äußeren vornehme zurückhaltende Gestaltung aus.

1726–29 erfolgte der Bau der Pfarr- und Klosterkirche St. Markus, die heute als Pfarrkirche dient, durch Dominikus Zimmermann, einen der wichtigsten Baumeister jener Zeit im süddeutschen Raum, zu dessen hervorragendsten Werken die Wallfahrtskirche von Steinhausen, die »schönste Dorfkirche der Welt«, zählt, und seinen nicht minder talentierten Bruder Johann Baptist Zimmermann, auf den die Deckenfresken von St. Markus zurückgehen. Auf der Totentafel der aus Riedlingen stammenden Priorin M. Josepha Baizin heißt es: »Auch Under ihrer Regierung Kirchen- und Klostergebeij angefangen und vollendet worden.«

Der lichtdurchflutete Kirchenraum präsentiert sich im Gegensatz zum eher schlicht gehaltenen äußeren Erscheinungsbild in formvollendeter Lebendigkeit, die sowohl Elemente des Spätbarocks als auch des frühen Rokoko beinhaltet. Farbenprächtige Deckengemälde vollenden den harmonischen Eindruck. Über dem Chor ist der Kirchenpatron, der heilige Markus, mit seinem Attribut, dem Löwen, zu sehen. Die Darstellung in der Vierungskuppel erinnert an den Ordensgründer, den heiligen Dominikus, und an den Auftrag, das Evangelium in alle

> **Ein Kirchenraum von formvollendeter Lebendigkeit**

Welt zu tragen, wobei vier Gestalten die seinerzeit bekannten Erdteile Europa, Asien, Afrika und Amerika symbolisieren.

Das prächtige Hochaltarbild fügt sich vollendet in die Raumgestaltung, obgleich es einige Jahrzehnte älter als die restliche Ausstattung ist und bereits 1684 von Matthäus Zehender für den mittelalterlichen Vorgängerbau der heutigen Kirche geschaffen wurde. In der unteren Bildhälfte kniet der Ordensgründer Dominikus gegenüber dem Klostergründer Ritter Steinmar von Strahlegg. Beide deuten mit der linken Hand auf Kloster und Burg, während die rechte zum Himmel erhoben ist, wo Maria und der Jesusknabe in den Wolken schweben und jedem der Knienden einen Rosenkranz überreichen.

◆ Statue des heiligen Franziskus zwischen Klostereingang und Franziskusgarten.

Ursprünglich war das Altarblatt etwas kleiner. Die Engel, die über der Muttergottes zu sehen sind, wurden erst 1762 bei Errichtung der neuen Altäre in den wesentlich höheren Kirchenneubau von 1726/29 den großzügigeren Raumverhältnissen entsprechend von Johann Georg Mesmer hinzugefügt.

Das Zeitalter des Historismus brachte der Klosterkirche gravierende bauliche Eingriffe. Im Zuge der Renovierungstätigkeiten der 1820er-Jahre mussten der Turmhelm, der Volutengiebel und die plastische Fassadengliederung weichen. Die Spätrokoko-Ausstattung im Innern »ganz im geschmacklosesten und ausschweifenden Rokokostyle gehalten« fand einige Jahrzehnte später in den Augen des seinerzeitigen Kunstsachverständigen nur wenig Gnade. Er vertrat die Meinung, man müsse sie »um die Schönheit des Baus nicht länger zu beeinträchtigen, successive durch neue Gegenstände [...] ersetzen«.

Der Kirchenraum erfuhr 1878 bis 1883 eine Umgestaltung im Sinne des Historismus, die auch einen neuen Hochaltar und neue Seitenaltäre im Stil der Neorenaissance mit sich brachte. Mitte des 20. Jahrhunderts wurde damit begonnen, die »Stilwidrigkeiten des geschmacklosen 19. Jahrhunderts« zu beseitigen, wobei der im »frühen Rokokostil« unter Einbeziehung des früheren Altarblattes von 1684 und der Figuren von 1762 entstandene neue Hochaltar erst 1988 seine feierliche Weihe erleben durfte.

Im Zuge der Säkularisation fiel das Dominikanerinnenkloster 1803 an die Fürsten von Thurn und Taxis, die den Nonnen den weiteren Verbleib in ihrer gewohnten Umgebung gestatteten. Zwei von ihnen waren noch am Leben, als die Sießener Klosteranlage 1860 von der Kongregation der Franziskanerinnen erworben wurde, die dort eine Klosterschule und ein Internat für Mädchen einrichtete; eine erlebte noch den Einzug.

Die bekannteste Bewohnerin des Klosters war Berta Hummel, die 1931 dem Franziskanerinnenkonvent beitrat, nachdem sie in München ihr Kunststudium absolviert hatte. In Sießen schuf sie jene fröhlichen Kinderbilder, nach deren Vorlage seit 1935 die berühmten Figuren

◆ Der Franziskusgarten lädt dazu ein, Gottes Schöpfung in all ihrer Harmonie zu erleben.

aus Porzellan angefertigt werden. Schwester M. Innocentia Hummel, an deren Werk zahlreiche Exponate im Hummelsaal des Klosters erinnern, war nicht die Zeit vergönnt, ihr volles künstlerisches Potenzial zu entfalten. Sie starb bereits 1946 im Alter von 37 Jahren.

Während die Porzellanfiguren die jung verstorbene Künstlerin weltberühmt machten, fand ihr frühes künstlerisches Werk, ihre Zeichnungen und Aquarelle von Porträts, Landschaften, Stillleben und Blumen, ebenso ihr Kreuzweg lange Zeit nur wenig Beachtung. Stellvertretend für die lebenden Künstlerinnen des Klosters soll hier Schwester M. Sigmunda May erwähnt werden, auf welche die moderne Ausgestaltung der Klosterkapelle, die 1926 errichtet wurde, zurückgeht. Das wohltuend schlicht und einfach gehaltene Gotteshaus, in dem sich das romanische Kruzifix, der kostbarste Nachlass der Dominikanerinnen, aus der Zeit um 1190 befindet, ist ein Ort der Einkehr und des Gebetes – sowohl für die Mitglieder der Kongregation als auch für alle Menschen, die am Gebet der Franziskanerinnen teilnehmen wollen.

Sießen 109

Im Westen Oberschwabens, knapp zehn Kilometer südlich von Scheer, liegt idyllisch und weltabgeschieden Kloster Habsthal, in dem heute eine kleine Gemeinschaft von Benediktinerinnen lebt.

Am Anfang der Klostergeschichte steht eine Gemeinschaft von Beginen, die sich um die Mitte des 13. Jahrhunderts in der Ortschaft Mengen zusammengeschlossen hatte. Die Frauen führten zwar ein asketisches klosterähnliches Leben, legten aber kein Gelübde ab und gehörten auch keinem Orden an.

1259 erhielten die Mengener Beginen von Pfalzgraf Hugo IV. von Tübingen, dessen Familie bereits durch mehrere Klosterstiftungen hervorgetreten war, den Ort Habsthal, um dort

♦ Im Benediktinerinnenkloster Habsthal.

◆ Kochen anno dazumal: die Klosterküche.

ein Dominikanerinnenkloster zu gründen, dessen Grundsteinlegung noch im selben Jahr erfolgte.

Bereits 1257 hatte der Konstanzer Bischof Eberhard II. die Frauengemeinschaft der Regel des heiligen Augustinus unterstellt, die ein Leben in Frömmigkeit, Weltabgewandtheit und Keuschheit forderte. Die strenge Klosterordnung fand allerdings nicht immer Beachtung, was mehrfach zu Rügen und Disziplinierungsmaßnahmen durch den Konstanzer Bischof, dem Habsthal bis zu seiner Auflösung 1806 unterstellt war, führte. Alle Versuche, die klösterliche Zucht durchzusetzen, blieben jedoch zunächst erfolglos.

Da das Kloster die niedere Gerichtsbarkeit innehatte und über weitläufigen Grundbesitz verfügte, wurden häufig Gäste empfangen und reger Umgang mit Menschen, die nicht dem Konvent angehörten, gepflegt. Angeblich soll es gelegentlich sogar zu allzu engen Kontakten zwischen Nonnen und Männern gekommen

♦ Musikkultur: alte Instrumente im Kloster Habsthal.

sein. Das ist nicht weiter erstaunlich, wenn man bedenkt, dass der Klostereintritt etlicher Frauen nicht ganz freiwillig erfolgte. Wie zahlreiche andere Klöster diente auch Habsthal lange als Versorgungsanstalt für unverheiratete Töchter des Adels, von denen nicht alle ohne Weiteres bereit waren, sich nahtlos in die klösterliche Disziplin einzufügen.

So zeichnete sich Habsthal zeitweise weniger durch fromme Stille, Einhaltung der religiösen Pflichten und Weltabgewandtheit als vielmehr durch Feste, Tanz, Gesang und einen regen Besucherandrang aus, wobei die Dominikanerinnen einem Besuch des benachbarten Wirtshauses durchaus nicht immer abgeneigt waren.

Ab 1535 unterstand die Schirmherrschaft den Grafen und späteren Fürsten von Hohenzollern-Sigmaringen, was mit zahlreichen Pflichten einherging. Das Kloster musste nicht nur regelmäßig hohe Abgaben leisten, sondern auch die Jagdgesellschaften des Fürstenhauses verpflegen.

Infolge der Säkularisation fiel Habsthal 1806 an das fürstliche Haus Hohenzollern-Sigmaringen. Die Klosterfrauen erhielten eine lebenslange Rente und durften im Kloster bleiben, wobei ihnen allerdings die Aufnahme von Novizinnen verwehrt war, was über kurz oder lang zwangsläufig zum Aussterben des Konvents führen musste.

Auf Initiative der letzten Priorin Conrada Egger wurde 1807 das Habsthaler Mädchenpensionat ins Leben gerufen, dem allerdings kein langer Bestand beschieden war. Bereits 1810 musste die Schule wieder geschlossen werden, da sie langfristig über keine tragfähigen finanziellen Grundlagen verfügte. Zudem war ihr pädagogisches Konzept nicht gerade bahnbrechend und so rückwärtsgewandt, dass sogar der eher konservative Fürst Anton Aloys von Hohenzollern-Sigmaringen nicht bereit war, das Projekt zu unterstützen. Denn die Ausbildung der Pensionatsschülerinnen zielte ausschließlich darauf ab, die Mädchen auf ihr künftiges Dasein als Hausfrau und Mutter vorzubereiten.

1849 trat Fürst Karl-Anton von Hohenzollern-Sigmaringen sein Fürstentum an Preußen ab. Sechs Jahre später erfolgte der Verkauf von Kloster Habsthal an den preußischen Staat, der die Gebäude in

♦ Blick zum Hochaltar, dessen Altarblatt die Klostergründung thematisiert.

den folgenden Jahren als Strafanstalt nutzte. Die letzten Bewohnerinnen des Klosters waren 1841 – nicht ganz freiwillig – ausgezogen.

Nach längerem Leerstand wurde das einstige Dominikanerinnenkloster, das aufgrund seiner zahlreichen Schäden bereits zum Abbruch freigegeben war, 1888 von Schwester Paula, geborene Thekla Bayer, erworben. Ihrem Bestreben, Habsthal mit neuem klösterlichem Leben zu erfüllen, war jedoch erst vier Jahre später Erfolg beschieden, als sie 1892 das schweizerische Benediktinerinnenkloster Hermetschwil als Käufer gewinnen konnte.

Die Hermetschwiler Benediktinerinnen hatten keinen leichten Start in Habsthal. Die Gebäude waren in einem maroden baulichen Zustand, die Klausurmauern teilweise eingestürzt, Gärten und Felder verwahrlost und die Erdgeschossräume von Feuchtigkeit durchdrungen. Die Instandsetzung und zeitgemäße Modernisierung des Klosters, das rasch großen Zulauf erfuhr, zog sich trotz der harten Arbeit der Benediktinerinnen in die Länge, da es an allen Ecken und Enden an den notwendigen finanziellen Mitteln fehlte. Die Gemeinschaft war so arm, dass sie um die Jahrhundertwende noch nicht einmal über genügend Choralbücher verfügte.

Schließlich gelang es den Klosterfrauen jedoch durch Fleiß und Ausdauer, eine wirtschaftlich solide Lebensgrundlage zu schaffen, wozu insbesondere ihre Paramenten- und Stickarbeiten beitrugen.

Den Nordflügel des regelmäßigen Gebäudevierecks, dessen Ost-, West- und Südtrakt 1681 bis 1685 nach Plänen des Dominikanerbruders Euprepius angefertigt wurden, bildet die Klosterkirche, die unter dem Baumeister Jodocus Beer 1680 ihr heutiges Aussehen erhielt. Der für eine Barockkirche relativ schlicht gehaltene Raum besticht vor allem durch seine schönen Altäre, deren Altarblätter von dem Maler Matthäus Zehender in den letzten Jahren des 17. Jahrhunderts geschaffen wurden. Das Hochaltargemälde thematisiert die Klostergründung. In der unteren Bildmitte ist der heilige Dominikus dargestellt, der den verklärten Blick gen Himmel erhebt, wo die Muttergottes mit dem Jesusknaben von Engeln umringt auf Wolken schwebt. Zur Rechten des Ordensstifters sieht man Pfalzgraf Hugo IV. von Tübingen, der Maria seine Klosterstiftung mit den Worten »Schütz du das Thaal« übergibt.

Die Blätter der Nebenaltäre zeigen rechts die Vision der heiligen Rosa von Lima und links das Martyrium des heiligen Stephanus.

Mitte des 18. Jahrhunderts übernahm der begnadete Stuckator Joseph Anton Feuchtmayer, der zu den wichtigsten Vertretern seines Fachs in Südwestdeutschland zählt, einige Stuckarbeiten für das Dominikanerinnenkloster. Dabei entstanden nicht nur der Rocailleschmuck und die Stuckmarmorkanzel in der Kirche, sondern auch Kartuschen mit bunten Flachreliefszenen, die erstaunlicherweise nicht nur religiöse Motive aufgreifen, wie man sie in einem Frauenkloster erwarten würde. Die Genreszenen zeigen vielmehr so alltägliche weltliche Dinge wie Männer beim Kartenspiel, beim Kegeln und beim Essen.

Folgt man der Westroute der Oberschwäbischen Barockstraße, trifft man etwa auf halber Strecke zwischen Meßkirch und Pfullendorf auf das ehemalige Zisterzienserinnenkloster Wald, dessen Name auf das lateinische Silva Benedicta, also gesegneter Wald, zurückgeht. Das bereits 1212 von Ritter Burkhard von Weckenstein gestiftete Kloster zählt zu den ersten Niederlassungen der Zisterzienserinnen in Deutschland und war bis zur Mitte des 18. Jahrhunderts der Zisterzienserabtei Salem unterstellt.

Silva Benedicta konnte zwar nie die Bedeutung anderer oberschwäbischer Frauenklöster, wie zum Beispiel Buchau, erlangen, durfte sich jedoch in den ersten Jahrhunderten seines Bestehens einer Phase der Blüte erfreuen, deren Ende durch kriegerische Ereignisse heraufbeschworen wurde. Zunächst brachte der Bauernkrieg

◆ Die Klosterkirche St. Bernhard gilt als eine der »heitersten Nonnenkirchen im süddeutschen Raum«.

1525, dann der Dreißigjährige Krieg Feuer und Zerstörung. Obwohl sich Kloster Wald von diesen Rückschlägen nur schwer erholen und seine frühere Blüte nie mehr ganz erlangen konnte, erfolgte bereits knapp fünfzig Jahre nach dem Ende des Dreißigjährigen Krieges der Entschluss, weitreichende Baumaßnahmen in Angriff zu nehmen und die Klosterkirche neu erstehen zu lassen. Mit der Planung beauftragte die Äbtissin Jakobe von Bodman den Bregenzer Baumeister Jodocus – häufig auch Jos genannt – Beer aus Au. Der 1696 bis 1698 errichtete Bau erfuhr bereits um die Mitte des 18. Jahrhunderts unter Äbtissin Maria Dioscura von Thurn und Valsassina eine neue Innenraumgestaltung, welche die bisherige frühbarocke Ausstattung ersetzte.

Wie bei zisterziensischen Klöstern üblich, bildet die Klosterkirche den Nordflügel des Klausurgevierts und trägt anstelle eines hohen Kirchturms einen gedrungenen Dachreiter. Die Klausurgebäude, deren Fassaden sich teilweise malerisch in einem Weiher an der Rückfront spiegeln, entstammen verschiedenen Epochen. Die älteste Bausubstanz weist der so genannte Jennerflügel aus dem 15./16. Jahrhundert auf, während die anderen Trakte und die Tordurchfahrt auf das 17. und 18. Jahrhundert zurückgehen.

Die Klosterkirche St. Bernhard gilt als eine der »heitersten Nonnenkirchen im süddeutschen Raum«. Fröhlich verspielte Putten bevölkern

◆ Detailansicht des Hochaltars.

Pfullendorfs mittelalterlich geprägtes Ortsbild gemahnt an den Stolz der einstigen Reichsstadt im Linzgau auf halber Strecke zwischen Donautal und Bodensee. Von der ehemaligen Stadtbefestigung blieb das Obere Tor mit dem Reichsadler und dem hohen Turm aus dem 13. Jahrhundert erhalten, während das Rathaus von 1524 an die Macht der Zünfte erinnert, die die Geschicke der Reichsstadt bis zum Verlust ihrer Selbstständigkeit lenkten.

Dagegen erscheint die Pfarrkirche St. Jakob auf den ersten Blick wesentlich bescheidener. Der spätgotische Bau, der 1480/81 an die Stelle eines älteren Vorgängers trat, präsentiert sich von außen bis auf das maßwerkverzierte Westportal und einige schmückende Elemente im oberen Bereich des Kirchturms in unprätentiöser Schlichtheit.

♦ Innenraum der dreischiffigen Basilika St. Jakob mit Blick auf die Orgelempore.

◆ Hochaltar von St. Jakob.

Dafür entfaltet der Innenraum, der Mitte des 18. Jahrhunderts eine umfassende Barockisierung erfuhr, eine reich bewegte farbenfrohe Lebendigkeit, die sich deutlich von der äußeren Schlichtheit des Gotteshauses absetzt.

Die Stuckatoren Johann Georg Graf und Johann Jakob Schwarzmann versahen 1750/51 das Langhaus und den Chor der dreischiffigen Basilika mit feinem Rocaillestuck, der sich durch seinen Phantasiereichtum und seine kunstvolle Ausfertigung auszeichnet. Mit der Gestaltung der Fresken wurde der Sigmaringer Maler Andreas Meinrad von Au betraut, dessen Gemälde in der Pfullendorfer Pfarrkirche Stationen und Legenden aus dem Leben der Muttergottes und des Kirchenpatrons Jakobus aufgreifen. Das Hauptfresko im Mittelschiff stellt die Marienkrönung dar, die kleineren Bilder Stationen des glorreichen Rosenkranzes. In den Seitenschiffen thematisiert der Sigmaringer Künstler die Geheimnisse des Schmerzhaften Rosenkranzes und die Geheimnisse des Freudenreichen Rosenkranzes.

Die weiteren Fresken sind dem Namenspatron von St. Jakob gewidmet, der 44 n. Chr. auf Befehl von Herodes Agrippa den Märtyrertod starb. Im Chorgewölbe ist das Jakobusgrab in Santiago de Compostela zu sehen, wohin Jakobus' Leichnam der Legende zufolge auf wundersame Weise gelangte. Auf dem Bild bedenken zahlreiche Menschen sein Grabheiligtum mit Weihegeschenken, darunter auch geistliche und weltliche Vertreter der Reichsstadt Pfullendorf, die dem Heiligen ihre Verehrung angedeihen lassen und ihre Kirche somit seinem Schutz übergeben.

Zu den schönsten Kunstwerken der Pfarrkirche zählen die fein ausgearbeiteten Rosenkranzmedaillons, die der aus Waldsee gebürtige Bildhauer Martin Zürn aus der berühmten gleichnamigen Künstlerfamilie, die im oberschwäbischen Raum zahlreiche Zeugnisse ihres Könnens hinterlassen hat, um 1615 geschaffen wurde.

Zu den schönsten Kunstwerken zählen die Rosenkranzmedaillons

Etwas außerhalb des Zentrums trifft man an der Straße nach Mengen auf einen besonderen Ort der Marienverehrung, dessen Ursprünge möglicherweise bis ins 13. Jahrhundert zurückreichen. Die Wallfahrtskirche Maria Schray ist bis heute eine lebendige, von zahlreichen Gläubigen aufgesuchte Pilgerstätte, die auf eine lange Tradition zurückblickt und ungeachtet aller kriegerischen Ereignisse seit 1516 ununterbrochen allwöchentlich am Samstag Wallfahrtsgottesdienste feiern konnte.

Dennoch blieb das Marienheiligtum von den Verheerungen des Dreißigjährigen Krieges nicht verschont. 1632 drangen schwedische Truppen in die Stadt ein, verschleppten etliche ihrer Bewohner und raubten deren Hab und Gut. Die Kirche Maria Schray wurde in Brand gesteckt,

Pfullendorf 125

der Mesner und ein zufällig anwesender Bauernsohn umgebracht. Das hoch verehrte Gnadenbild überstand das Inferno jedoch. Einer Legende zufolge schwebte es über die Feuersbrunst hinweg zu einem nahe gelegenen Feld oder – so eine spätere Version – in eine Eiche des unmittelbar angrenzenden Neidlinger Waldes.

Zur Erinnerung an die wundersame Errettung des Gnadenbildes und den brutalen feindlichen Überfall wurde 1672 das so genannte Schwedenbild gestiftet, das rechts die vor den Toren der Stadt auf einer kleinen Anhöhe gelegene Wallfahrtskapelle zeigt. Das Gotteshaus steht in Flammen, über deren Rauch sich die Muttergottes erhebt. Auf der linken Bildseite sieht man schwedische Truppen, die den Pfullendorfer Mauerring bedrängen.

Das vom Brand gezeichnete spätgotische Marienbild von 1479, das die bekrönte Himmelskönigin mit dem Jesuskind im Arm darstellt, wurde im 17. Jahrhundert durch den Bildhauer Valentin Ungelehrt »repariert« und präsentiert die Jungfrau mit hohem Szepter von einem goldenen Strahlenkranz umgeben.

Die äußerlich schlicht gehaltene Wallfahrtskirche, die noch einige gotische Bauteile vorzuweisen hat, verdankt ihr heutiges Erscheinungsbild überwiegend dem 17. Jahrhundert.

♦ Maria Schray blickt auf eine lange Tradition als Wallfahrtsort zurück.

die reich geschmückten Altäre; die Stuckaturen von Johann Jakob Schwarzmann zeigen sich in beschwingt bewegten Rocailleformen und finden in den prächtig leuchtenden Fresken ihre Ergänzung.

Zunächst war der Maler Johann Melchior Eggmann aus Rorschach mit der Ausführung der Fresken beauftragt worden. Seine Arbeit war jedoch noch nicht weit gediehen, als er infolge seiner hohen Schulden aus Wald fliehen musste, woraufhin der Sigmaringer Andreas Meinrad von Au die weiteren Ausmalungen übernahm.

Das reichhaltige Bildprogramm bezieht sich an zahlreichen Stellen auf den Kirchenpatron Bernhard von Clairvaux, der nach dem eigentlichen Gründer Robert de Molesme als »zweiter Ordensgründer« der Zisterzienser gilt, da er dem Orden zum entscheidenden Durchbruch verhalf und den Nachwuchs in Scharen anzog.

Das Fresko über der weit in den Raum ragenden Nonnenempore erinnert an die Weihnachtsvision des heiligen Bernhard und geht auf Johann Melchior Eggmann zurück. Der Rorschacher Künstler wählte hier wesentlich dunklere Farben als Andreas Meinrad von Au für sein enormes Langhausfresko, das den Besuch Humboldinas bei ihrem Bruder Bernhard in Cîteaux, dem für die Zisterzienser namensgebenden Ort, zeigt. Der Heilige, der mehr als siebzig Klöster gegründet haben soll, und seine Mitbrüder sind in schlichten weißen Gewändern dargestellt, während Humboldina und ihr Gefolge in prächtiger farbenfroher Kleidung erscheinen. Humboldina versucht, ihren Bruder zur Abkehr vom klösterlichen Leben zu bewegen, scheitert jedoch an der unbeugsamen Haltung des Heiligen. Bernhard hingegen gelingt, was seiner Schwester nicht vergönnt war: Er kann Humboldina zur Änderung ihres Lebenswandels überreden. Bald darauf entsagt sie den weltlichen Dingen, tritt in die Benediktinerinnenabtei Jully-sur-Sarce ein und wird schließlich als Heilige verehrt.

Auch das Chorfresko, das ebenfalls auf Andreas Meinrad von Au zurückgeht, ist in hellen freundlichen Tönen gehalten. Dargestellt sind die seinerzeit bekannten vier Erdteile Europa, Asien, Afrika und Amerika bei der Verehrung der Altarsakramente.

Die künstlerisch wertvolle Ausstattung der ehemaligen Klosterkirche St. Bernhard findet ihre Vollendung durch die kostbaren in reicher Beschwingtheit gestalteten Altäre, deren lieblichen Putten eine heitere Note setzen. Die fröhliche Leichtigkeit findet in einem romanischen Kruzifix, das sich im Zentrum des Hochaltars befindet und bei der Grundsteinlegung des Klosters entdeckt worden sein soll, einen bescheiden schlichten Gegenpol. Die Statuen des »zweiten Ordensgründers« Bernhard von Clairvaux und des »Gründervaters« Stephen Harding flankieren die marmorierten Säulen des Hochaltars, dessen Altargemälde von Franz Carl Stauder Mariä Himmelfahrt darstellt.

Auch das Altarblatt des nördlichen Seitenaltars ist ein Werk des vor allem in Oberschwaben tätigen Malers Franz Carl Stauder, der hier dem Kirchenpatron St. Bernhard ein weiteres Denkmal setzte.

◆ Kloster Wald zählt zu den ersten Niederlassungen der Zisterzienserinnen in Deutschland.

◆ Die Nonnenempore ragt weit in das Kirchenschiff hinein.

Wald 119

Nachdem der Sigmaringer Maler Meinrad von Au und der Stuckator Johann Georg Schwarzmann aus Vorarlberg St. Jakob in Pfullendorf umgestaltet hatten, erhielten sie den Auftrag, die Wallfahrtskirche Maria Schray neu auszuschmücken. Wie es einem Marienheiligtum gebührt, nehmen die Freskendarstellungen Bezug auf das Marienleben, wobei im Chorraum die unbefleckte Empfängnis zu sehen ist. Das farbensprühende bewegte Deckenfresko des Langhauses präsentiert die Muttergottes auf einer Wolke schwebend mit dem Jesusknaben im Arm. Zahlreiche Wallfahrer, darunter etliche Kranke, haben sich eingefunden und bitten die Himmelskönigin in ihrer Not und Bedrängnis um Hilfe. »Zu Dir schreien wir elende Kinder Evas.« Dieser »Schray« wird als namensgebend für die Kapelle betrachtet.

♦ Das heutige Erscheinungsbild des Marienheiligtums geht weitgehend auf das 17. Jahrhundert zurück.

Das ehemalige Deutschordensschloss Altshausen, das aus einer mittelalterlichen Burg hervorgegangen ist, dient heute als Wohnsitz der herzoglichen Familie von Württemberg und kann daher nur eingeschränkt besichtigt werden. Gleichwohl lohnt sich ein Besuch, da die Kirche St. Michael und weite Teile des Schlossparks frei zugänglich sind.

Passiert man den markanten dreigeschossigen Torturm, dessen hohe Durchfahrt mit Kuppelfresken geschmückt ist, gelangt man in eine weitläufige Gartenanlage, in der zahlreiche Kunstwerke der aus Frankreich gebürtigen Herzogin Diane von Württemberg zu bewundern sind und den Besuch zu einem ganz besonderen Kunsterlebnis machen.

◆ Die ehemalige Schlosskirche St. Michael wurde Mitte des 18. Jahrhunderts durch Johann Caspar Bagnato barockisiert.

◆ Die Vorhangdraperie des Hochaltars wird von Engeln getragen.

Bereits zu Beginn des 11. Jahrhunderts existierte in Altshausen eine Burg, Sitz der Grafen von Altshausen, aus deren Reihen einer der berühmtesten Universalgenies des Mittelalters hervorging. Graf Hermann, der aufgrund seiner schweren körperlichen Behinderung den Namen Hermannus Contractus, also Hermann der Lahme, erhielt, kam 1013 als Sohn des Grafen Wolfrad in Altshausen zur Welt und trat bereits im Kindesalter in das Benediktinerkloster Reichenau ein. Trotz seiner spastischen Lähmung und seiner eingeschränkten Sprachfähigkeit wurde er zu einem hoch gebildeten, in fast allen Wissenschaften bewanderten Gelehrten, der durch seine »Weltchronik« und seine teilweise bis heute aufgeführten Kompositionen nach wie vor zu den bedeutendsten Persönlichkeiten Oberschwabens gezählt werden darf.

Altshausen gelangte 1264 in den Besitz des Deutschen Ordens und bestand zunächst als Kommende, also als Verwaltungsbezirk des Ordens, ehe es im 15. Jahrhundert zur Deutschordensballei Elsass-Burgund avancierte, deren Sitz annähernd 400 Jahre in der oberschwäbischen Ortschaft verblieb.

Eine Marqueterietafel, die 1766 von Franz Josef Denner geschaffen wurde und sich heute im Württembergischen Landesmuseum in Stuttgart befindet, präsentiert einen Idealplan des Schlosses Altshausen, der auf den Ordensbaumeister Johann Caspar Bagnato zurückgeht. Bagnato war mit den Entwürfen betraut worden. Sein Plan sah eine weitläufige Anlage vor, die sich um zwei Innenhöfe gruppieren sollte. Das ehrgeizige Projekt kam jedoch nur teilweise zur Ausführung. Zunächst konnten lediglich die repräsentative Eingangsfront mit dem von einem Zwiebelturm bekrönten Torbau, der Marstall und das Ökonomiegebäude verwirklicht werden. Wenige Jahre später entstand 1733 die Reitschule, der um 1770 die Orangerie folgte, die Franz Anton Bagnato nach den Plänen seines Vaters ausführte. Die im Zentrum geplante repräsentative Dreiflügelanlage mit einem Ehrenhof blieb ebenso eine Utopie wie der Neubau der Kirche.

Zu Beginn des 19. Jahrhunderts gelangte Altshausen an das Haus Württemberg, das den Schlosskomplex allerdings nur für gelegentliche Jagdaufenthalte benutzte. Erst nach dem Ende der Monarchie avancierte das ehemalige Deutschordensschloss zum festen Wohnsitz der herzoglichen Familie.

Die ehemalige Schlosskirche St. Michael, die im 18. Jahrhundert fast durch einen Neubau ersetzt worden wäre, dient heute als Pfarrkirche der örtlichen katholischen Gemeinde und entstand ab 1413 als gotische Pfeilerbasilika. Das im äußeren Schlosshof gelegene Gotteshaus fügt sich trotz seiner nicht ganz axialen Ausrichtung elegant in den Schlosskomplex mit seiner in mehreren Jahrhunderten gewachsenen Bausubstanz ein.

Während das äußere Erscheinungsbild St. Michaels durchaus noch seine gotischen Ursprünge erahnen lässt, ist der Innenraum stark durch die Mitte des 18. Jahrhunderts erfolgte Barockisierung geprägt. Nachdem man davon abgesehen hatte, den pompösen Idealplan des Klosters umzusetzen, wurde dessen Schöpfer Johann Caspar Bagnato mit der barocken Umgestaltung St. Michaels betraut, welche zu weitreichenden Veränderungen führte. Aus der ursprünglichen Pfeilerbasilika wurde eine Saalkirche mit eingezogener Flachdecke, deren Fresken von dem Mailänder Maler Giuseppe Appiani stammen und neben Mariä Himmelfahrt auch die Heilige Dreifaltigkeit darstellen.

Neben den feinen Stuckdekorationen des Tessiners Francesco Pozzi besticht vor allem der Hochaltar aus Stuckmarmor mit seiner schwingenden, von Engeln gehaltenen, roten Vorhangdraperie und seinem dem Namenspatron der Kirche gewidmeten Altarblatt, das den Höllensturz zum Thema hat.

An die jahrhundertelange Funktion als Deutschordenskirche erinnern die Wappenkartuschen einstiger Hochmeister.

◆ Graf Hermann von Altshausen, genannt Hermann der Lahme, zählt zu den bedeutendsten Universalgelehrten des Mittelalters.

Altshausen

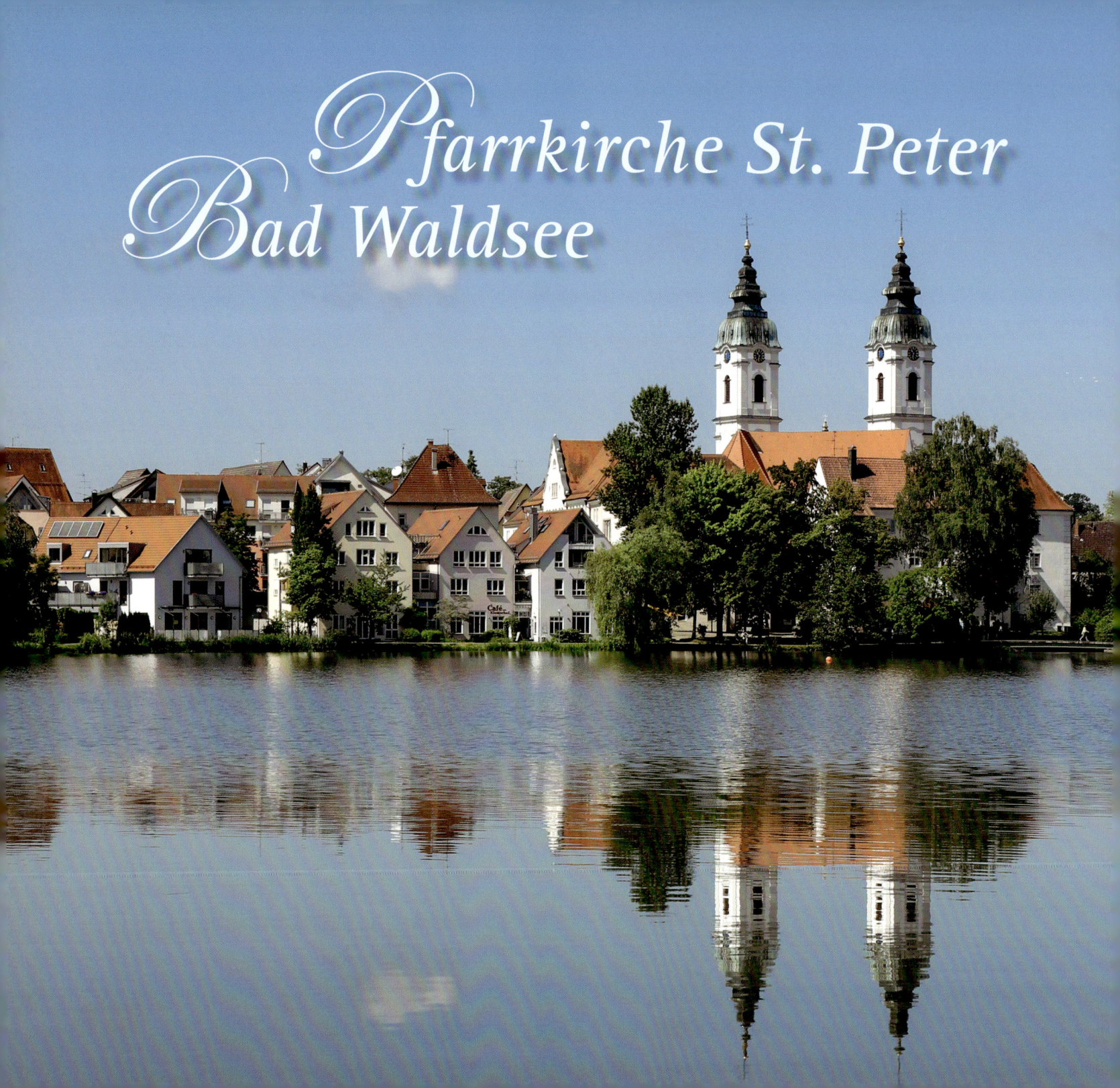

An der Hauptroute der Oberschwäbischen Barockstraße trifft man zwischen Biberach und Weingarten auf den Kneippkurort Bad Waldsee, der vor allem für seine Rehakliniken und die heißesten Quellen Oberschwabens bekannt ist. Die idyllisch zwischen dem Schlosssee und dem Stadtsee gelegene Ortschaft birgt im Zentrum ihrer historischen Altstadt die katholische Pfarrkirche St. Peter, die einstige Stiftskirche des 1788 aufgehobenen Augustiner-Chorherrenstifts. Von den angrenzenden Gebäuden dicht umringt erheben sich kühn die mächtigen über Eck gestellten Glockentürme, die mit ihrem markanten Kuppelabschluss längst zum Wahrzeichen des oberschwäbischen Moorbades geworden sind.

Die Ortschaft, die einer Legende zufolge bereits 330 n. Chr. gegründet worden sein soll, war

♦ Das Kircheninnere mit Blick zum Hochaltar.

♦ Zwei geschwungene Säulenpaare umrahmen das Altarbild, das Mariens Krönung darstellt.

schon früh Sitz eines Klosters, das 1181 durch Kaiser Friedrich I. Barbarossa bestätigt und unter seinen Schutz gestellt wurde. Das Augustinerstift verfügte in der Anfangszeit kaum über finanzkräftige und namhafte Förderer, sodass es sich zunächst keiner größeren Reichtümer erfreuen konnte. Im 13. Jahrhundert war die Lage sogar so prekär, dass es »wegen Armut« vorübergehend geschlossen werden musste. Erst in späteren Jahren brachte es das Kloster zu gewissem Wohlstand, konnte allerdings die politische Bedeutung und den enormen Reichtum anderer oberschwäbischer Klöster nie erreichen.

Obwohl Waldsee davon profitierte, dass die örtliche Schule und die Seelsorge von den Augustiner-Chorherren betreut wurde, war die Beziehung zwischen der Stadt und ihrem Stift nicht immer ganz konfliktfrei, wozu nicht zuletzt die Tatsache beitrug, dass auf dem Stiftsgelände der Wein abgabefrei und damit wesentlich billiger als in der Stadt an die Bevölkerung veräußert wurde.

Der »Waldseer Blutsonntag« ging als besonders tragisches Ereignis in die Geschichte des Augustinerstifts und der Ortschaft ein. Im Zuge der Reformation erlebten in jenen Jahren zahlreiche Gotteshäuser einen Bildersturm, bei dem liturgische Gegenstände und Ausstattungsstücke, die man nun als dem neuen Glauben nicht mehr angemessen betrachtete, zerstört oder entfernt, zuweilen auch schlichtweg gestohlen wurden. Am Weißen Sonntag des Jahres 1530 unternahmen Waldseer Einwohner den Versuch, gewaltsam in die Stiftskirche einzudringen, wobei mehr als 30 Menschen ihr Leben verloren.

Im Gegensatz zu den meisten anderen Klöstern der Region fand das Waldseer Stift, das 1621 unter Propst Michael III. den Rang einer Abtei erlangte, sein Ende nicht durch die Säkularisation zu Beginn des 19. Jahrhunderts. Bereits 1788 erfolgte auf eigenen Wunsch die Auflösung, nachdem es innerhalb des Konvents zu unüberbrückbaren Differenzen gekommen war.

♦ Die Deckengemälde wurden 1940 von August Braun angefertigt.

In der Folgezeit dienten die ehemaligen Stiftsgebäude unter anderem als Heulager und Kornspeicher. Von der einstigen Stiftsanlage blieben nur Teile erhalten. Etliche Wirtschaftsgebäude und der Südflügel, in dem sich der »Kaisersaal« befand, fielen im 19. und 20. Jahrhundert Bränden zum Opfer. Zu den heute noch existierenden Gebäudekomplexen zählt neben der nunmehrigen Pfarrkirche St. Peter der frühere Prälatenbau, in dem mittlerweile eine Apotheke untergebracht ist.

Die ursprüngliche romanische Kirche des Augustiner-Chorherrenstifts wurde ab 1479 unter Propst Heinrich I. Fuchs durch einen neuen spätgotischen Kirchenbau in Form einer dreischiffigen Basilika ersetzt, der sowohl außen als auch innen im 18. Jahrhundert nach und nach barockisiert wurde.

Das äußere Erscheinungsbild wird heute von der imposanten geschwungenen Westfassade mit ihren prägnanten pilastergeschmückten 60 Meter hohen Türmen dominiert. Sie entstand 1765 und geht auf den Baumeister Jakob Emele aus Schussenried zurück, der wenige Jahre zuvor bereits den Bau des dortigen Konventsgebäudes ausgeführt hatte.

Hoch über dem Sandsteinportal der reich bewegten Westfassade erhebt sich zwischen den beiden Türmen ein mächtiger Volutengiebel, der

♦ Zwei mächtige über Eck gestellte Glockentürme dominieren die geschwungene Westfassade.

von den Statuen der Apostel Petrus und Paulus flankiert wird. In seiner Mittelnische birgt er eine Sandsteinstatue der Maria Immaculata.

Der Innenraum vereinigt Elemente verschiedener Stilepochen, die sich auf das Wunderbarste zu einem harmonischen Gesamtbild zusammenfügen. Während die Architektur der Gotik entspringt, präsentieren sich die Ausstattung im Stil des Barock und die Ausschmückung weitgehend im Stil des Rokoko. Die heutigen Deckenfresken, die im Mittelschiff Motive aus dem Leben des Kirchenpatrons Petrus aufgreifen, wurden sogar erst 1940 von dem Künstler August Braun aus Wangen ausgeführt.

Der prächtige 11 Meter hohe und 7 Meter breite Hochaltar, der um 1712 entstand, geht auf den begnadeten jungen Künstler Dominikus Zimmermann zurück, der bald darauf als Baumeister der Wallfahrtskirche von Steinhausen und der Wieskirche Berühmtheit erlangen sollte.

Zwei geschwungene Säulenpaare umrahmen das außergewöhnliche Altarbild und lenken den Blick des Betrachters in das krönende Gebälk, wo neben fröhlich verspielten Putten die farbigen Statuen des heiligen Augustinus und seiner Mutter Monika versammelt sind. Die fein ausgearbeiteten Figuren sind ebenso wie das »Auge Gottes«, welches den obersten Abschluss des Hochaltars bildet, ein Werk des Bildhauers Johann Georg Reusch aus Waldsee. Das Altarbild ist wesentlich älter als der restliche Hochaltar und wurde 1616 von dem Waldseer Künstler Jakob Bendel angefertigt. Wenngleich das Kunstwerk von einem Bilderrahmen umfasst wird, handelt es sich doch um eine plastische Darstellung, die Mariens Krönung durch die Heilige Dreifaltigkeit zum Inhalt hat und sich durch ihre farbige Lebendigkeit auszeichnet.

Eine Besonderheit stellen die wunderbaren Stuckmarmor-Einlegearbeiten von Dominikus Zimmermann am Altartisch und den Sockeln der Hochaltarsäulen dar, welche biblische Szenen wie die Flucht aus Ägypten und Isaaks Opferung zeigen. Diese so genannte Scagliola-Technik ist außerhalb ihres Ursprungslandes Italien nur selten in solcher Vollendung wie in der Bad Waldseer Pfarrkirche zu bewundern.

Ein weiteres bedeutendes Kunstwerk ist in der an das linke Kirchenschiff angrenzenden südlichen Chorkapelle, dem Chörlein Unserer Lieben Frau, zu sehen. Dort befindet sich ein Epitaph des Truchsessen Georg I. von Waldburg-Wolfegg aus der Zeit um 1480, der zu den bemerkenswertesten Grabdenkmälern zählt, welche die Frührenaissance dem südwestdeutschen Raum hinterlassen hat.

Die Grabplatte zeigt den »edel gestreng herr Joerg Truchses Ritter zu walpurg« in einem edlen Turnierharnisch, das lockenprächtige Haupt auf zwei Kissen gebettet. Erstaunlicherweise ist er nicht in betender Haltung, sondern mit leicht gegeneinander geöffneten Händen dargestellt, was vermuten lässt, dass sich zwischen diesen einstmals ein Gegenstand befand, der vielleicht die Bedeutung seiner Dynastie vor Augen führen sollte.

> Der Innenraum vereinigt Elemente verschiedener Stilepochen

Zisterzienserkloster Salem

Die ehemalige Reichsabtei im Herzen des idyllischen Linzgaus zählte einst zu den bedeutendsten und mächtigsten Klöstern im südwestdeutschen Raum. Das herausragende Kulturdenkmal, das sich seit 2009 weitgehend im Besitz des Landes Baden-Württemberg befindet, gehört zu den frühesten zisterziensischen Klostergründungen in Deutschland.

Der Reformorden, der 1098 von Robert von Molesme ins Leben gerufen worden war, strebte die Rückkehr zu den ursprünglichen Idealen des abendländischen Mönchtums an und forderte von seinen Mitgliedern ein Leben in Armut, Keuschheit, Einsamkeit und Askese. Als »zweiter Ordensgründer« gilt Bernhard von Clairvaux, der den Nachwuchs in Scharen anzog und dem

♦ Das Äbtemonument am südwestlichen Vierungspfeiler erinnert an die Salemer Äbte.

Zisterzienserorden zu rascher Popularität verhalf.

Die Salemer Gründungslegende berichtet, dass der Edelfreie Guntram von Adelsreute von den Reden des strengen und unbeugsamen heiligen Bernhard so beeindruckt war, dass er 1134 seinen Linzgauer Besitz, der seinerzeit noch den Namen Salmansweiler trug, dem Zisterzienserorden vermachte, um in dem lieblichen Tal eine Klostergründung zu ermöglichen.

Erster Abt des Salemer Klosters wurde Frowin aus dem elsässischen Mutterkloster Lützel, der die Neugründung zusammen mit elf weiteren Mönchen besiedelte.

Der Ordensregel gemäß lebten die Zisterzienser sparsam, arbeiteten fleißig und beanspruchten nur das Notwendigste für ihren eigenen Bedarf. Dadurch erwirtschafteten sie rasch mehr, als sie zur Selbstversorgung benötigten, und gelangten so zu beträchtlichem Reichtum, wozu zahlreiche Privilegien, reiche Schenkungen und die umsichtige Verwaltung des Besitzes beitrugen.

Die wirtschaftliche und politische Bedeutung der Reichsabtei schlug sich schließlich auch in baulichen Aktivitäten nieder. 1614 wurden die alten Konventsgebäude aus dem 15. Jahrhundert abgerissen und bis 1620 durch kolossale Neubauten ersetzt. Im selben Jahr veranlasste Abt Thomas I. die Errichtung des oberen Teils des Langbaus, der trotz des Ausbruchs des Dreißigjährigen Krieges 1618 bis 1625 vollendet werden konnte.

Im Mittelpunkt des Klosterareals steht das hochgotische Münster

Erst 1632 erreichten die Verheerungen des Dreißigjährigen Krieges die oberschwäbische Region mit voller Wucht. Die Truppen der Feinde und Verbündeten zogen durch Salem, verbreiteten Angst und Schrecken und hinterließen verwüstete Ländereien.

Ein halbes Jahrhundert nachdem der Westfälische Friede den Dreißigjährigen Krieg beendet hatte, wurde die Reichsabtei 1697 von einer gewaltigen Feuersbrunst heimgesucht, der ein Großteil der Gebäude zum Opfer fiel. Infolge des Brandes entschlossen sich die Salemer Zisterzienser zur Anschaffung der seinerzeit modernsten Feuerspritze, worauf die Einrichtung des Feuerwehrmuseums zurückgeht, das anhand zahlreicher Exponate anschaulich die Entwicklung der Brandbekämpfung dokumentiert.

Beim Wiederaufbau der zerstörten Gebäude, der 1697 bis 1708 unter den Äbten Emanuel Sulger und Stephan Jung nach den Plänen des Baumeisters Franz Beer von Bleichten erfolgte, fanden die Belange des vorbeugenden Brandschutzes große Berücksichtigung.

1746 tritt uns mit Abt Anselm II. Schwab eine der eindrucksvollsten Persönlichkeiten der Reichsabtei entgegen. Der ebenso fromme wie kunstsinnige Geistliche achtete nicht nur auf die strenge Einhaltung der Ordensregel, sondern entwickelte auch eine rege Bautätigkeit. 1753 ließ er den bescheidenen Dachreiter des Münsters durch einen hoch aufragenden Glockenturm ersetzen. Ein Gemälde von Andreas Brugger aus dem Jahre 1756 überliefert das damalige Erscheinungsbild der Abtei und zeigt einen Vierungsturm, der sich mit seiner weit überzogenen Höhe nicht in die Proportionen des Ensembles einzufügen vermag. Bereits 1807 wurde der pompöse Turm entfernt. An seine Stelle trat der heutige deutlich niedrigere Dachreiter.

Im Zuge der Säkularisation fiel das bedeutende und ungemein wohlhabende Kloster, zu dessen Besitz mehr als 300 Quadratkilometer Ländereien gehörten, an das markgräfliche Haus Baden, das die ehemaligen Klostergebäude in der Folgezeit als Wohnsitz nutzte.

1920 gründeten Max von Baden und der Reformpädagoge Kurt Hahn die Schule Schloss Salem, die heute etliche Teile des weitläufigen Komplexes belegt. Während die Räumlichkeiten der Schule für die Öffentlichkeit nicht zugänglich sind, können zahlreiche Innenräume und die Anlage besichtigt werden.

Im Mittelpunkt des weitläufigen Klosterareals steht das hochgotische Münster, dessen Bau um 1285 begonnen wurde. 1414 erfolgte die feierliche Weihe des Gotteshauses durch Erzbischof Eberhard II. von Salzburg. Im Laufe der Zeit erfuhr die Kirche mehrere Umgestaltungsmaßnahmen, wobei die hochgotische Architektur weitgehend erhalten blieb.

♦ Die Ausstattung des hochgotischen Münsters zeichnet sich besonders durch ihren Alabasterschmuck aus.

Die Ausstattung des Innenraums wird jedoch stark von klassizistischen Elementen des 18. Jahrhunderts geprägt und dürfte mit ihrem wunderbaren Alabasterschmuck wohl einmalig in Europa sein. 27 Altäre, die nach den Entwürfen von Johann Georg Dirr und Johann Georg Wieland ab 1778 ausgeführt wurden, setzen einen feierlichen Akzent.

In der nördlichen Ecke der Vierung befindet sich das Stiftermonument. Auf seiner rechten Seite zeigt es den Klosterstifter Guntram von Adelsreute. Hinter ihm steht Kaiser Konrad II., der 1142 die Salemer Klostergründung bestätigte und unter seinen Schutz nahm. Mit seinem Szepter deutet er auf eine mächtige Tafel, deren lateinische Inschrift ins Deutsche übersetzt wie folgt lautet: »Im Jahre des Gottmenschen/1134/Vom Edelmann Guntram/Aus Adelsreute gestiftet,/Von Konrad dem Schwaben/Römischem König bestätigt./Von Eberhard dem Seligen/mit der Erzbischöflichen/Kirche in Salzburg/1202 vollendet./Von Rom, anno 1334/Mit Ponitfikalien und Mitra gekrönt,/Gott und der Gottesmutter/Als Heiligtum/Geschenkt, gewidmet, geweiht/Besteht des römisch-deutschen/Reiches erste Prälatur/Salem.«

Auf der linken Seite der Tafel ist Papst Urban VI. dargestellt, dem die Salemer Äbte den Erwerb der Pontifikalien verdankten. Das Salzfass zu seinen Füßen erinnert an den

◆ Die Dreifaltigkeitsorgel auf der Westempore des Münsters.

siebten Abt der Reichsabtei Eberhard II. von Salzburg.

Am südwestlichen Vierungspfeiler befindet sich das Äbtemonument, in dessen Mittelpunkt eine große schwarze Tafel steht, auf der die Namen aller Salemer Äbte versehen mit dem Jahr ihres Todes bzw. ihrer Abdankung verzeichnet sind. Totenschädel und in Tücher gehüllte Skelette verweisen auf die Vergänglichkeit des irdischen Lebens, an die ausdrücklich auch die Äbte durch die Darstellung von Mitra und Brustkreuz erinnert werden sollen.

Das Salemer Münster weist ein überraschendes Detail auf, welches man in einer Kirche nicht unbedingt erwarten würde: eine Uhr, die unter Abt Anselm II., dem die klösterliche Zucht ganz besonders am Herzen lag, angebracht wurde. Sie sollte den Mönchen die Einhaltung ihres streng strukturierten Tagesablaufs, der an feste Gebetszeiten gebunden war, erleichtern und war gleichzeitig ein weiterer Hinweis auf die Vergänglichkeit des Menschen.

Zu den schönsten Räumen der mit prächtigen Zimmern und Sälen reich bedachten ehemaligen Reichsabtei gehört der imposante Kaisersaal im zweiten Obergeschoss des Mittelpavillons im Ostflügel. Der helle riesige Raum, der durch die großen Fenster an zwei Wandseiten Tageslicht erhält, erinnert in seinen gewaltigen Dimensionen und seiner enormen Prachtfülle eher an den Festsaal eines Schlosses als an einen klösterlichen Raum. Tatsächlich bot er den adäquaten Rahmen für repräsentative Empfänge und Feierlichkeiten.

Der mit reichen Stuckaturen ausgestattete Kaisersaal verdankt seinen Namen den überlebensgroßen Statuen an den Fensterpfeilern, welche auf Podesten, die von schwarz-goldenen Armleuchtern getragen werden, thronen. Dargestellt sind Kaiser und Könige des Heiligen Römischen Reiches, die in besonderer Beziehung zu Salem standen.

Auch die Medaillons der Fensternischen, welche die Büsten jener Päpste beinhalten, denen die Reichsabtei ihre zahlreichen Privilegien verdankte, entspringen dem fein ausgeklügelten Bildprogramm, das der Gestaltung des Raumes zugrunde liegt und den Gästen die politische Bedeutung des Klosters verdeutlichen sollte.

Zu den wenigen farbig gestalteten Elementen des fast ganz in Weiß und Gold gehaltenen Raumes zählen die Deckengemälde Franz Carl Stauders aus den Jahren 1708 bis 1713. Während das große Mittelgemälde die »Ausgießung des Heiligen Geistes« darstellt, präsentieren die kleineren Gemälde Geschichten aus dem Alten Testament. Über den Türen verweisen allegorische Darstellungen auf die Namensgebung des Zisterzienserklosters Salem als biblischer Ort des Friedens.

♦ Puttengruppe auf einer Schranke des Hochaltars.

Salem

Reichsabtei Weingarten

Im Oktober 2010 wurden die letzten drei Benediktinermönche des weltbekannten Klosters Weingarten im Rahmen eines Festgottesdienstes durch Bischof Gebhard Fürst verabschiedet. Aufgrund von Nachwuchsmangel und Überalterung des Konvents musste der geschichtsträchtige Standort aufgegeben werden, womit die annähernd 1000-jährige klösterliche Tradition der einstigen Reichsabtei zu Ende ging.

Nach 934 stifteten die Welfen, eine der führenden Dynastien jener Zeit, auf einer Anhöhe über der kleinen oberschwäbischen Siedlung Altdorf – die erst 1865 im Rahmen ihrer Erhebung zur Stadt den Namen Weingarten erhielt – ein Nonnenkloster, dem allerdings kein langes

♦ Das Deckenfresko in der Vierung stellt den Triumph der Kirche dar.

Weingarten

◆ Das Langhaus nach Osten. Am oberen Bildrand befindet sich das Deckenfresko »Verherrlichung des heiligen Benedikt«.

Leben beschieden war. Bereits 1056 veranlasste Welf IV. den Umzug des Frauenkonvents in das welfische Kloster Altomünster bei Augsburg, von wo aus im Gegenzug Kloster Weingarten nun mit Benediktinermönchen besiedelt wurde, weshalb das Jahr 1056 als Gründungsdatum der späteren Reichsabtei gilt.

Welf IV., der ebenso wie seine Nachfahren die Schirmherrschaft innehatte, stattete das Benediktinerkloster nicht nur mit umfangreichen Besitzungen aus, sondern unterstellte es auch 1094 dem Apostolischen Stuhl. Im selben Jahr erhielt Weingarten mit der Heilig-Blut-Reliquie eine ganz besondere Schenkung, die den Ort bald zum Mittelpunkt einer bedeutenden Wallfahrt machte. Deren Tradition lebt bis heute im Heilig-Blut-Ritt, der alljährlich am Blutfreitag (Freitag nach Christi Himmelfahrt) begangen wird, fort.

Der Überlieferung zufolge erlangte der blinde römische Hauptmann Longinus, der unter Jesu Kreuz Wache hielt, sein Augenlicht zurück, nachdem er von Blut des Gekreuzigten benetzt worden war. Der nunmehr zum Christentum bekehrte Römer brachte einige Blutstropfen des Heilands an sich und vergrub sie in Mantua, wo sie schließlich 1048 infolge einer Vision wiederentdeckt und zwischen Kaiser Heinrich III. und Papst Leo IV. geteilt wurden. Der Kaiser übergab seinen Anteil an Graf Balduin von Flandern, der ihn, als er starb, seiner Tochter Judith vermachte. Durch ihre Heirat mit Welf IV. kam die Heilig-Kreuz-Reliquie schließlich nach Weingarten, wo sie nach wie vor hoch verehrt wird. Wenngleich einige der alten Wallfahrtsgebräuche mittlerweile nicht mehr gepflegt werden, erfreut sich der Heilig-Blut-Ritt am Tag nach Christi Himmelfahrt, an dem Tausende von Fußpilgern und Reitern teilnehmen, noch immer eines regen Zuspruchs.

In der ersten Hälfte des 13. Jahrhunderts erlebte das Benediktinerkloster, das sich bereits Ende des 11. Jahrhunderts unter Abt Walicho der Hirsauer Klosterreform angeschlossen hatte und 1274 erstmals als Reichsabtei genannt wird, durch kunstvoll gestaltete Meisterwerke der Buchmalerei eine enorme kulturelle Blüte.

In späteren Jahrhunderten trat verstärkt die Pflege von Wissenschaft und Musik in den Vordergrund. Zahlreiche Mönche aus Weingarten studierten an der in der ersten Hälfte des 17. Jahrhunderts entstandenen Benediktiner-Universität von Salzburg und widmeten sich nach der Rückkehr ins heimatliche Kloster einem breiten wissenschaftlichen Themenspektrum, das von Mathematik über Philosophie bis zur Erforschung der Elektrik reichte. Wie in zahlreichen anderen Klöstern spielte auch in Weingarten Musik eine große Rolle, wobei man sich nicht nur auf Chorgesang und instrumentale Darbietungen beschränkte, sondern auch eigene Kompositionen verfasste.

Im Rahmen der Säkularisation erfolgte 1802 die Auflösung der politisch bedeutenden und wirtschaftlich starken Reichsabtei. Der umfangreiche Klosterbesitz ging zunächst an den Fürsten Wilhelm von Nassau-Oranien-Dillenburg, ehe er schließlich 1806 Württemberg übereignet wurde. Nach dem unfreiwilligen Auszug der Mönche dienten die Gebäude einige Jahre lang als Kaserne. Erst 1922 gelang es, Weingarten erneut mit monastischem Leben zu füllen, das jedoch, wie erwähnt, 2010 sein Ende fand.

Weithin sichtbar thront die monumentale Basilika über der Stadt und empfängt den Besucher mit ihrer prächtigen pilastergeschmückten Westfassade, deren architektonisches Vorbild die berühmte Kollegienkirche von Salzburg ist. Der vorschwingende von zwei Türmen flankierte Mittelbau trägt einen Giebelaufsatz, der von den beiden Kirchenpatronen Martin und Oswald

◆ Ein Engel trägt den Korb der Rokokokanzel.

◆ »Schwäbisch St. Peter« ist einer der glanzvollsten Höhepunkte der Oberschwäbischen Barockstraße.

umgeben und von einer goldenen Nachbildung der Heilig-Blut-Reliquie bekrönt wird.

Die mächtige Kuppel und die enormen Ausmaße der angeblich größten deutschen Barockkirche führten immer wieder zu Vergleichen mit dem Petersdom und brachten der Basilika auf dem Martinsberg den Beinamen »Schwäbisch St. Peter«, was durchaus als Würdigung betrachtet werden darf.

Nachdem Abt Sebastian Hyller die finanziellen Grundlagen geschaffen hatte, um den seit langem gehegten Wunsch nach einem Neubau zu verwirklichen, ließ er es sich nicht nehmen, starken Einfluss auf die Gestaltung auszuüben. Der architektonisch interessierte Abt, der in der Äbtegalerie mit Zirkel und einem Grundrissplan der neuen Klosterkirche dargestellt ist, wählte aus den Entwürfen mehrerer Baumeister jeweils die Elemente aus, die seiner Vorstellung entsprachen, und fügte sie zu einem eigenen Konzept zusammen.

Gleichwohl zeigt der Bau, an dessen Planung wohl auch Kaspar Moosbrugger beteiligt war, die Handschrift der Baumeister Franz II. Beer von

Bleichten und Johann Jakob Herkommer sowie des württembergischen Hofbaudirektors Donato Giuseppe Frisoni, auf den weite Teile des Ludwigsburger Residenzschlosses zurückgehen.

Von ihm stammt möglicherweise auch der Idealplan des Klosters, der jedoch letztendlich nicht in allen Bereichen zur Ausführung kam. Die Basilika sollte von groß angelegten Gebäudeteilen mit weitläufigen Innenhöfen umgeben werden, die der Anlage einen fast schlossähnlichen Charakter verliehen hätten. Der Plan konnte allerdings nur im nördlichen Bereich verwirklicht werden, während der Rest daran scheiterte, dass sich der erforderliche Baugrund nicht im Besitz der Abtei befand.

Der hohe, lang gezogene Kirchenraum zeigt sich dank der großen Fenster von strahlender Helligkeit, die durch die weißen Wände und Pfeiler zusätzlich verstärkt wird. Der grandiose Raumeindruck findet in den zarten Régence-Stuckaturen Franz Xaver Schmuzers und den »mit flammendem Temperament« ausgeführten garbenfrohen Deckengemälden Cosmas Damian Asams seine Vollendung.

Die Themen des reichen Bildprogramms, dessen Inhalte auf die Vorgaben Abt Sebastian Hyllers zurückgehen, beziehen sich unter anderem auf die Anbetung der Hirten, das Pfingstwunder und Mariä Himmelfahrt.

Zu den bedeutsamsten Darstellungen zählt die Verehrung der Heilig-Blut-Reliquie. Man sieht den römischen Hauptmann Longinus, den das Blut Christi von seiner Blindheit erlöst. Im Zentrum des Bildes steht die segensreiche Reliquie, deren Strahlen zu den kranken und hilfesuchenden Menschen, die sich am unteren Bildrand versammelt haben, führen.

Das Fresko im folgenden Joch erinnert an den Ordensgründer Benedikt und seine himmlische Vision.

Hinter dem filigranen perspektivisch ausgestalteten Chorgitter erhebt sich der mächtige säulenbewehrte Hochaltar, der von bewegten Stuckfiguren geschmückt und von einer kräftig grünen Vorhangdraperie umgeben wird. Das etwa sechs Meter hohe Altarblatt, das an die Erlösung der Welt durch Christi Blut gemahnt, entstammt einer früheren Epoche und wurde um 1628/31 von Giulio Benso für den Vorgängerbau der heutigen Basilika geschaffen.

»Schwäbisch St. Peter«, einer der glanzvollsten Höhepunkte der Oberschwäbischen Barockstraße, ist ein Hort der schönsten Meisterwerke jener Zeit. Neben den monumentalen räumlichen Dimensionen und Cosmas Damian Asams wundervollen farbensprühenden Deckengemälden verdient vor allem die 1737 bis 1750 entstandene Hauptorgel des Ochsenhauseners Joseph Gabler Beachtung. Mit ihrem unvergleichlichen Klang und ihrer ungemein fein ausgearbeiteten Gestaltung zählt sie zum Besten, was die deutsche Orgelbaukunst des 18. Jahrhunderts vorzuweisen hat.

Ein etwa sechs Meter hohes Altarblatt

Pfarrkirche Unserer Lieben Frau Ravensburg

Die ehemalige oberschwäbische Reichsstadt Ravensburg wird auch als »Stadt der Türme und Tore« bezeichnet, da ihr Erscheinungsbild bis heute ganz wesentlich von ihrer mittelalterlichen Bausubstanz geprägt wird. Neben weiten Teilen der einstigen Stadtbefestigung blieben zahlreiche Gebäude aus dem 14. und 15. Jahrhundert, der Blütezeit der Stadt, erhalten.

Die 1088 erstmals urkundlich erwähnte Ortschaft erhielt spätestens 1276 den Rang einer Reichsstadt. Nachdem Ende des 14. Jahrhunderts die Große Ravensburger Handelsgesellschaft als eine der ersten ihrer Art in Deutschland ins Le-

♦ Die ursprünglich dreischiffige Basilika wurde im Mittelalter an der Südseite um ein weiteres Schiff vergrößert.

♦ Leuchtende moderne Glasfenster.

ben gerufen worden war, erlebte Ravensburg einen enormen wirtschaftlichen Aufschwung. Händler und Kaufleute vertrieben die Produkte oberschwäbischer Hersteller mit derart großem Erfolg in ganz Europa, dass die Stadt bald über einen beträchtlichen Reichtum verfügte, der die baulichen Aktivitäten deutlich beflügelte.

Zu den zahlreichen bedeutenden Sakral- und Profanbauten, die in dieser wirtschaftlichen Blütezeit entstanden, zählt die katholische Pfarrkirche Liebfrauen, die sich in der Oberstadt beim Frauentor befindet. Ihr hoher Nordostturm, der seine Glockenstube erst um 1500 und seinen Giebelaufsatz etwa hundert Jahre später erhielt, greift den festungsartigen Charakter der anderen Stadttürme, insbesondere der markanten Staffelgiebel des nahe gelegenen Frauentores, auf. Ansonsten ist das äußere Erscheinungsbild der in der zweiten Hälfte des 14. Jahrhunderts erbauten Kirche ausgesprochen schlicht gehalten. Lediglich das imposante Tympanon des Hauptportals, das um 1380 entstand, findet sich als schmückendes Element. Die ungemein bewegten und lebendigen Reliefs stellen wichtige Ereignisse aus dem Leben Mariens dar: Verkündigung, Heimsuchung, Anbetung der Könige, Tod und Krönung.

Die Liebfrauenkirche entstand zunächst als dreischiffige Basilika, erhielt jedoch im späten Mittelalter einen Anbau, der ihr südliches Seitenschiff um das Doppelte verbreiterte, wodurch der Raum seiner ursprünglichen Symmetrie beraubt wurde. Die Säulen, die das spätmittelalterliche vierte Schiff vom ursprünglichen Kir-

♦ Das Taufbecken von Liebfrauen.

chenbau trennen, wurden allerdings erst 1891 eingebaut.

Auch im Inneren verzichtet das Gotteshaus weitgehend auf üppige architektonische Schmuckformen und präsentiert sich dem Betrachter in schlichter Schönheit. Gleichwohl

◆ Detailansicht des Tympanons über dem Hauptportal mit Szenen aus dem Marienleben.

birgt der Raum etliche kunsthistorische Schätze, die teilweise auf das 15. Jahrhundert zurückgehen.

Ein ganz besonderes Kleinod ist die Schutzmantelmadonna, die zu den hervorragendsten Werken der spätgotischen Schnitzkunst zählt und um 1480 entstand. Die 135 cm hohe Mariendarstellung wurde lange dem Schnitzer Hans Keltenhofer aus Ravensburg zugeschrieben. Neueren Forschungen zufolge ist jedoch Michael Erhart, der unter anderem am Hochaltarretabel und am Chorgestühl des Ulmer Münsters mitgewirkt hat, als Urheber zu betrachten.

Die farbenprächtige, fein ausgearbeitete Skulptur aus Lindenholz zeigt Maria in einem goldenen Untergewand. Mit den Händen breitet sie ihren leuchtend blauen Mantel aus, unter dem sie mehreren Personen fürsorglich Schutz bietet, die alle deutlich kleiner als die Muttergottes dargestellt sind. Im Vordergrund sieht man einen Mann und eine Frau, die beide betend auf die Knie gesunken sind. Hinter ihnen haben sich weitere Gläubige mit andächtigen Himmel gerichtetem Blick versammelt.

Gegen Ende des Zweiten Weltkrieges soll die Schutzmantelmadonna ein Wunder bewirkt haben. Der Legende zufolge veranlasste ihr Erscheinen einen Bomberpiloten der alliierten Streitkräfte, der den Auftrag hatte, die ehemalige Reichsstadt unter Beschuss zu nehmen, zum Rückzug. Heute befindet sich allerdings nur noch eine Kopie des großartigen Kunstwerkes in der Ravensburger Liebfrauenkirche. Wer das Original betrachten will, muss sich nach Berlin begeben.

Die mittelalterlichen Glasmalereien aus dem 15. Jahrhundert greifen die leuchtende Intensität der farbenprächtigen Madonnenstatue auf. Die beiden älteren Glasfenster, auf denen unter anderem Apostelsdarstellungen und Szenen aus dem Marienleben zu sehen sind, entstanden um 1419. Das südliche Fenster, besser bekannt als Ankenreutefenster, wurde um 1480 geschaffen und stammt aus der Straßburger Werkstatt des berühmten spätgotischen Glasmalers Peter Hemmel von Andlau, auf die auch die Chorfenster der Tübinger Stiftskirche sowie Glasmalereien in den Münstern von Ulm und Straßburg zurückgehen.

Ebenso wie die anderen Werke aus Peter Hemmels Werkstatt zeichnet sich auch das Ravensburger Ankenreutefenster, welches Papst Clemens und Christi Kreuzigung darstellt, durch große Detailfreude und intensiv leuchtende Farbtöne aus.

1905 bis 1910 erhielt die Liebfrauenkirche durch den auf christliche Motive spezialisierten Ravensburger Maler Gebhard Fugel, der insbesondere durch das Jerusalempanorama von Altötting bekannt wurde, eine neue Ausmalung, die heute allerdings nur noch teilweise vorhanden ist. Im Chorraum blieb Fugels Wandgemälde, das die Andreaslegende zum Inhalt hat, erhalten.

Im Zuge der jüngsten umfassenden Innenraumsanierung, die zu Beginn des 21. Jahrhunderts in Angriff genommen wurde, sah sich die katholische Kirchengemeinde veranlasst, mehrere Werke moderner Künstler aus der Kirche entfernen zu lassen, was insbesondere innerhalb der örtlichen Künstlerszene für Empörung sorgte und zu Vergleichen mit dem Bildersturm der Reformation führte. Die Kritiker bemängelten vor allem die Beseitigung des Altars, der von dem 2005 verstorbenen weltberühmten Künstler Otto Herbert Hajek, der als Maler, Grafiker und Bildhauer tätig war, geschaffen wurde.

Ein besonderes Kleinod ist die Schutzmantelmadonna

Für die Kirchengemeinde waren jedoch die Belange der Liturgie ausschlaggebend. Schließlich wollte man im Rahmen der Sanierungsmaßnahmen gleichzeitig die Möglichkeit ergreifen, die Zielsetzung der Liturgiereform des Zweiten Vatikanischen Konzils endlich auch in der Liebfrauenkirche umzusetzen, was sich jedoch mit Hajeks raumgreifendem trapezförmigen Altar nicht verwirklichen ließ.

◆ Dachbekrönung von Liebfrauen.

Ravensburg 155

1145 stiftete der wohlhabende welfische Ministeriale Gebizo von Ravensburg unweit der gleichnamigen Stadt ein Prämonstratenserstift, dessen Gründungskonvent aus dem 1126 entstandenen Prämonstratenserkloster Rot an der Rot kam. Die neue Ordensniederlassung, die bis ins 14. Jahrhundert als Doppelkloster existierte, erhielt bald den Namen Weißenau, was auf die weiße Ordenstracht der Prämonstratenser zurückgeht.

Durch die reiche Grundausstattung, mit der Gebizo von Ravensburg seine Klosterstiftung versehen hatte, verfügte Weißenau über solide wirtschaftliche Grundlagen und zählte dank der »Klostermitgift« seiner Neumitglieder sowie auf-

◆ Innenraum von St. Peter und Paul mit der »Weißenauer Madonna« im Marienaltar an der linken Chorbogenwand.

◆ Detailansicht des zweireihigen, 44-sitzigen Chorgestühls.

grund der reichen Erträge seiner selbst bewirtschafteten Gutshöfe bald zu den wohlhabendsten Klöstern von Schwaben. Das wirtschaftliche Gedeihen war allerdings nicht von langer Dauer. Bereits in der zweiten Hälfte des 13. Jahrhunderts sah sich das Kloster, das 1257 zur Abtei erhoben worden war, gezwungen, etliche Besitzungen zu verkaufen. Dank der Intervention König Rudolfs von Habsburg konnte der Niedergang zwar gestoppt werden, gleichwohl war es Weißenau nicht vergönnt, seine einstige wirtschaftliche Blüte wiederzuerlangen. Dafür wurde die Abtei durch die Schenkung einer Heilig-Blut-Reliquie in der Folgezeit zu einem bedeutenden Wallfahrtsort, an dem regelmäßig Reiterprozessionen stattfanden.

Der Überlieferung zufolge soll Maria Magdalena unter dem Kreuz Christi Erde geborgen haben, in die Blut des Gekreuzigten getropft war. Auf Umwegen gelangte die Reliquie in den Besitz König Rudolfs von Habsburg, der sie 1283 den Weißenauer Prämonstratensern übergab.

Nachdem die Säkularisation das klösterliche Leben beendet hatte und die Klosteranlage 1834 vom württembergischen Königshaus erworben worden war, wurde dort 1840 eine Bleicherei eingerichtet.

Seit 1875 existierte neben Zwiefalten und Winnenthal mit Schussenried eine dritte »Staatsirrenanstalt« im Königreich Württemberg, dazu etliche private Einrichtungen, die den wachsenden Bedarf auf Dauer jedoch nicht decken konnten. Daher erfolgte 1892 die Eröffnung einer weiteren »Königlichen Heil- und Pflegeanstalt« in den Räumlichkeiten des ehemaligen Klosters Weißenau.

Die gut erhaltene Klosteranlage verdankt ihr heutiges Erscheinungsbild überwiegend der ersten Hälfte des 18. Jahrhunderts. Um 1700 erforderte der marode Zustand der romanischen Gebäude umfassende Erneuerungsmaßnahmen, mit denen Franz II. Beer beauftragt wurde, nach dessen Plänen der Komplex ab 1708 im Wesentlichen seine heutige Gestalt erhielt.

Die ehemalige Klosterkirche St. Peter und Paul, die mittlerweile als Pfarrkirche der katholischen Gemeinde dient, entstand zwischen 1717 und 1724. Die Wappendarstellung über dem großen Mittelportal erinnert an den Bauherrn Abt Leopold Mauch. Ansonsten zeigt sich die Fassade mit ihren beiden hohen seitlichen Türmen in schlichter, fast schon streng anmutender Gliederung. Geradlinige Säulen und Pilaster, deren einziger Schmuck ihre reich gestalteten Kapitelle darstellen, tragen den mächtigen Giebel, der von Statuen der Kirchenpatrone Petrus und Paulus flankiert und von dem zweiarmigen Kreuz der Prämonstratenser bekrönt wird.

Franz Beers Entwürfe kamen nicht vollständig zur Ausführung. Der von ihm geplante überkuppelte Chorraum wurde nicht verwirklicht. An seiner Stelle behielt man den von Martino Barbieri 1628–31 errichteten langen und schmalen Chor bei, der neben dem hohen Langhaus zwangsläufig etwas gedrungen wirkt, was den feierlichen Gesamteindruck allerdings nicht gravierend zu beeinträchtigen vermag.

Auch das geschnitzte Chorgestühl und der Hochaltar, an dessen Seiten Statuen des heiligen Augustinus und des Ordensgründers Norbert von Xanten stehen, gehen auf die erste Hälfte des 17. Jahrhunderts zurück.

Zu den beeindruckendsten Kunstwerken von St. Peter und Paul zählt die spätgotische »Weißenauer Madonna« im Zentrum des Marienaltars von 1739, der sich an der linken Chorbogenwand befindet. Die fein ausgearbeitete Statue der Muttergottes mit dem Jesuskind erinnert in ihrer vornehmen Perfektion stark an die Marienfigur im Mittelpunkt des Blaubeurer Hochaltars, die der Werkstatt des Bildhauers Michael Erhart, zugeschrieben wird, was den Schluss nahelegt, dass auch die Weißenauer Madonna dieser Quelle entspringt.

Der helle Kirchenraum erhält durch die zarten, ganz in Weiß gehaltenen Stuckarbeiten des Wessobrunner Stuckators Franz Schmuzer seine ganz besondere Weihe. Elegant umspielt das zierliche Bandelwerk die Deckenmalereien, in deren Mittelpunkt neben dem Marienleben vor allem die Weißenauer Heilig-Blut-Reliquie steht.

♦ Zarte Stuckarbeiten umfangen die Deckengemälde.

Das große Deckengemälde im Kirchenschiff der ehemaligen Stiftskirche St. Katharina berichtet von einem Ereignis, das für die Entstehung des Chorherrenstifts von Wolfegg ausschlaggebend war: Graf Johannes von Sonnenberg aus einer Seitenlinie der erbteilungsfreudigen Dynastie Waldburg gelobte 1487 für den Fall seines Sieges in einem Zweikampf die Gründung eines Klosters. Im heutigen Norditalien standen sich die Truppen von Erzherzog Sigmund von Tirol und das Heer der Republik Venedig gegenüber, ohne dass es zu Kampfhandlungen gekommen wäre, da keine Seite bereit war, ihre günstige Position zu verlassen. Ein Zweikampf zwischen Antonio Maria di Sanseverino und Graf

♦ Blick durch das Kirchenschiff von St. Katharina auf den Hochaltar.

Johann sollte die Entscheidung bringen, wobei vereinbart wurde, dass der unterlegene Kontrahent zum Zeichen der Aufgabe den Namen der heiligen Katharina anrufen würde.

Das große Deckengemälde von Franz Joseph Spiegler, in dessen Mittelpunkt die heilige Katharina steht, stellt den Verlauf des Kampfes in verschiedenen bewegten Szenen bis zu Antonio Marias Niederlage dar.

Der siegreiche Graf erfüllte alsbald sein Gelübde und veranlasste den Bau eines Klosters, dessen Fertigstellung ihm jedoch nicht mehr vergönnt war, da er bereits wenige Jahre später starb, womit die Seitenlinie Sonnenberg im Mannesstamm erlosch. Seinem Schwiegersohn Georg III. von Waldburg, dem die brutale Niederschlagung des Bauernkrieges 1525 den Spitznamen »Bauernjörg« einbrachte, blieb die Vollendung des Klosters, das zunächst mit Franziskanermönchen besiedelt wurde, vorbehalten.

Das Wolfegger Franziskanerkloster hatte allerdings nur wenige Jahre Bestand, ehe 1519 die Umwandlung in ein Kollegiatstift erfolgte, welches 1806 aufgehoben wurde. Seither dient die ehemalige Stiftskirche St. Katharina als Pfarrkirche.

Die Schrecken des Dreißigjährigen Krieges, der weite Landstriche entvölkert zurückließ, trafen Wolfegg mit Macht. Von den ehemals 2000 Einwohnern überlebten nur 30 die fürchterlichen Verheerungen. Das Schloss und die Stiftskirche wurden ein Raub der Flammen.

Ab 1733 wurde das alte Gotteshaus, das nach dem Dreißigjährigen Krieg notdürftig instand gesetzt worden war, durch einen Neubau ersetzt, mit dem der Baumeister Johann Georg Fischer betraut wurde, auf den das 1721 errichtete Neue Schloss von Kißlegg zurückgeht. Über dem Chorbogen erinnert das reich geschmückte Allianzwappen Waldburg-Schellenberg an den Bauherren Graf Ferdinand Ludwig von Waldburg-Wolfegg und seine Gemahlin Maria Anna.

Die ehemalige Stiftskirche, die sich auf dem Terrain der Schlossanlage befindet, zeigt sich von außen relativ schmucklos, blieb aber in ihrer barocken Gestaltung unverändert. Lediglich der 1906 errichtete Glockenturm ist ein jüngerer Bauteil, der jedoch aufgrund seiner »neubarocken« Ausführung das Erscheinungsbild nur unwesentlich beeinträchtigt.

Größe, Bewegung und Farbenspiel im Innenraum

Der prächtige Innenraum, der nach dem Vorarlberger Münsterschema als Wandpfeilerhalle mit umlaufenden Emporen errichtet wurde, zeigt sich in überwältigender Größe, üppiger Bewegung und erstaunlichem Farbenspiel. Die zarten Pastelltöne der Rundbögen, Emporenbrüstungen und der Fürstenloge bilden einen spannenden Kontrast zu den kräftigen Farben der Altar- und Deckengemälde.

Zahlreiche Fresken widmen sich dem Lebens- und Leidensweg der Kirchenpatronin, die im 4. Jahrhundert n. Chr. für ihren Glauben sterben musste. Nachdem ihre Hinrichtung durch das Rad infolge eines Blitzeinschlags misslun-

◆ Figurengruppe am linken Seitenaltar der Kirche St. Katharina.

gen war, ließ sie der Kaiser mit einem Schwert enthaupten, weshalb man die heilige Katharina in der ikonographischen Darstellung zumeist mit einem Rad, zuweilen auch mit einem Schwert findet.

Das Fresko über dem linken Seitenaltar stellt die brutale Enthauptung der Märtyrerin dar. Katharina, der im Angesicht des Todes ein »Götzenbild« präsentiert wird, ist betend auf die Knie gesunken, während der Henkersknecht bereits zum tödlichen Schlag ausholt.

Die Szene über dem rechten Seitenaltar zeigt die Heilige beim Empfang der Märtyrerkrone, die ihr von einem Putto dargereicht wird. Das Deckengemälde über dem Hochaltar bezieht sich auf eine Legende, der zufolge die sterblichen Überreste Katharinas von Engeln auf den Berg Sinai gebracht worden sein sollen, an dem sich das legendäre Katharinenkloster befindet. Die eindringliche Darstellung zeigt den enthaupteten Leichnam der Märtyrerin von mehreren Engeln umringt. Ein Engel hüllt ihr abgetrenntes Haupt in ein weißes Laken, während der hell erleuchtete Himmel an Katharinas Aufnahme in den Kreis der Heiligen gemahnt.

Im Wolfegger Stadtteil Rötenbach befindet sich die Pfarrkirche St. Jakobus, die in ihrer heutigen Form 1793 erbaut wurde. Dort trifft man auf ein ganz besonderes Deckenfresko, das 1944 von dem aus Wangen gebürtigen Maler August Braun im Auftrag von Friedrich und Anna Rösch zum Gedenken an ihren gefallenen Sohn geschaffen wurde. Im Mittelpunkt des Gemäldes ist der Gekreuzigte auf einer Wolke von Engeln und Putten umgeben dargestellt.

Die linke hellere Seite erinnert an die »Freunde des Kreuzes«, die unter anderem durch den heiligen Georg, den Kirchenpatron St. Jakobus, die Selige Gute Beth von Reute, die »Passionsblume Oberschwabens«, und die Evangelisten Petrus und Johannes repräsentiert werden.

Die rechte, dunkler gestaltete Seite ist den »Feinden des Kreuzes« vorbehalten. Der obere Teil gemahnt an die Profiteure des Zweiten Weltkrieges, die durch drei Herren im Frack und eine Dame im roten Abendkleid vertreten sind, welche sich fröhlich mit Champagner zuprosten. Die untere Bildreihe zeigt den Verräter Judas, der einen Sack mit Silberlingen in der linken Hand hält, den Hohenpriester Kaiphas und zwei finster dreinblickende Pharisäer, dahinter zwei einfach gekleidete Männer mit Schiebermütze und Zigarette, die man als Personifikation des Kommunismus interpretieren könnte. Die eigentlich bemerkenswerten Personen be-

♦ Pfarrkirche St. Jakobus im Wolfegger Stadtteil Rötenbach.

finden sich zwischen diesen beiden Gruppen: ein glatzköpfiger Mann mit dicker Zigarre und grüner Fliege, der stark an Winston Churchill erinnert, daneben ein bebrillter Anzugträger, der aufgrund seines »Hiltlerbärtchens« starke Ähnlichkeit mit dem »Gröfaz« aufweist.

Wenngleich die Darstellung tatsächlich frappierende Übereinstimmungen mit dem britischen Politiker und dem deutschen Diktator aufweist, konnte bis heute nicht mit letzter Sicherheit belegt werden, dass der Künstler tatsächlich die Konterfeis von Winston Churchill und Adolf Hitler abbilden und damit seinen Widerstand gegen Diktatur und Krieg dokumentieren wollte. Von August Braun erfolgte jedenfalls niemals eine diesbezügliche Bestätigung, wenngleich ihm zwischen dem Ende der Nazi-Diktatur und seinem Tod 1956 genügend Zeit geblieben wäre, um seine möglicherweise hitlerkritische Darstellung ohne Angst vor Repressalien zu erläutern.

♦ Innenraum mit Blick auf den Altar.

♦ Linkes Bild: Unter den »Feinden des Kreuzes« sollen Winston Churchill und Adolf Hitler dargestellt sein.

Pfarrkirche St. Gallus und Ulrich, St.-Anna- und Rötseekapelle Kißlegg

Der im idyllischen Westallgäu gelegene Kurort Kißlegg wurde 824 als »Ratpoticella« namentlich in zwei Sankt Galler Urkunden erstmals erwähnt. Der heutige Name der Ortschaft taucht erst wesentlich später auf und geht auf eine herrschaftliche Familie zurück, die dort im 9. Jahrhundert einen Herrenhof und einige Zeit danach die nicht mehr vorhandene Burg »Kisilegge« erbauen ließ.

Im Zentrum der Stadt, die direkt an der Oberschwäbischen Barockstraße liegt und als »barockes Kleinod« gilt, befindet sich die katholische Pfarrkirche St. Gallus und Ulrich. Einer ihrer Patrone ist der heilige Gallus, der um die Mitte des 7. Jahrhunderts in der Schweiz starb

◆ Zarte Stuckaturen begleiten die perspektivisch fein ausgearbeiteten Deckenfresken von St. Gallus und Ulrich.

und als Gründer der Stadt St. Gallen betrachtet wird. Dort entstand 719 eine Benediktinerabtei, zu deren Besitz Kißlegg im Mittelalter zählte, woraufhin das Patrozinium für die heutige Pfarrkirche zurückgeht.

1548 zerstörte ein verheerender Brand, dem auch der romanische Vorgängerbau von St. Gallus und Ulrich zum Opfer fiel, fast die gesamte Ortschaft. An seine Stelle trat bald darauf eine gotische Kirche, welche im Unterbau ihres Turmes ältere Bauteile bewahrte, die vermutlich dem 12. Jahrhundert entstammen. Das heutige Erscheinungsbild des knapp 50 Meter hohen Turmes geht jedoch ganz wesentlich auf das 18. Jahrhundert zurück. Erst 1781 erhielt er eine Glockenstube und anstelle seines ehemaligen Satteldaches die geschweifte Haube, welche die markante Silhouette der Kirche nach wie vor prägt.

Das gotische Gotteshaus wurde 1734 bis 1738 durch Johann Georg Fischer, der auch im Füssener Kloster St. Mang und an der Wolfegger Kirche St. Katharina tätig war, im Stil des Barock neu gestaltet. Der Allgäuer Baumeister hatte sein Können in Kißlegg bereits 1721 bis 1727 im Zuge der barocken Erneuerung des »Neuen Schlosses« unter Beweis gestellt. Das Schloss befindet sich seit 1960 im Besitz der Gemeinde und beherbergt das Gäste- und Bürgerbüro.

♦ Die Kanzel von 1745 ist ein Meisterwerk des Rokoko.

Johann Georg Fischer ließ den Chor der alten Kirche abreißen und durch einen neuen ersetzen. Dieser erhielt zwei Emporen für die Mitglieder der beiden seinerzeit ortsansässigen Herrscherfamilien Waldburg-Wolfegg und Waldburg-Scheer-Trauchburg, wobei der Anteil Letzterer 1793 an Waldburg-Zeil-Wurzach fiel.

Das 19. Jahrhundert brachte St. Gallus und Ulrich etliche Umgestaltungsmaßnahmen. 1841 bis 1847 wurde der ursprüngliche Fußboden durch graue Sandsteinplatten ersetzt, an deren Stelle im Rahmen der Innenrenovierung von 1977/78 ein rotbrauner Ziegelboden trat, der dem Originalzustand eher entsprechen dürfte.

Der gravierendste Eingriff jener Jahre bezog sich jedoch auf den Hochaltar, der 1883 bis 1884 fast völlig seiner barocken Pracht beraubt und im Stil der Neugotik umgestaltet wurde. Eine historische Aufnahme, die kurze Zeit später entstand, zeigt einen etwas befremdlichen Raumeindruck: Heiter beschwingte Stuckaturen, reiche Verzierungen, farbenprächtige Deckengemälde und überbordender barocker Gestaltungswille stehen im Gegensatz zur Strenge des neugotischen Altars, dessen enorme Breite den räumlichen Proportionen nicht angemessen ist.

An Festtagen wurde in den Nischen des Altars der berühmte Augsburger Silberschatz präsentiert, den die Gemeinde dem seinerzeit in Kißlegg tätigen Pfarrer Franz Joseph Lohr und seiner Schwester Maria Agatha Lohr zu verdanken hat. Die Sammlung umfasst 21 Objekte von hoher künstlerischer Qualität, die zu den bedeutendsten Werken des 18. Jahrhunderts zählen, darunter Büsten bzw. Statuen von Jesus und Maria, der zwölf Apostel und der vier lateinischen Kirchenväter Ambrosius, Hieronymus, Augustinus und Gregor. Der wertvolle Kunstschatz befindet sich heute in einer Panzerglasvitrine, kann jedoch im Rahmen von Kirchenführungen besichtigt werden.

Das 19. Jahrhundert brachte etliche Umgestaltungen

Die Umgestaltungen des 19. Jahrhunderts, die man bald als »unpassend« empfand, hatten nicht lange Bestand und wurden seit Beginn des 20. Jahrhunderts sukzessive entfernt. 1936 bis 1938 entstand unter Einbeziehung der Überreste des barocken Hochaltars im Zusammenspiel mit Gemälden und Skulpturen des 18. Jahrhunderts der heutige »neubarocke« Hochaltar, welcher 1980 nochmals renoviert wurde. Seine Säulen werden von der Figur des Schöpfergottes, der auf Wolken thront und von einem leuchtend goldenen Strahlenkranz sowie Engeln umgeben ist, bekrönt. Das Ensemble geht auf den Kißlegger Bildhauer Joseph Schilt zurück, der es 1936 nach den Entwürfen des damaligen Pfarrers Emil Wahr anfertigte.

Das großartige Hochaltarbild »Christus am Kreuz mit Maria und Maria Magdalena« entstand ebenso wie die beiden Statuen der Kirchenpatrone St. Gallus und Ulrich, die sich rechts und links der Hochaltarsäulen befinden, um 1740.

Auf den ersten flüchtigen Blick scheint sich der »neubarocke« Hochaltar, der sich aus Elementen verschiedener Stilepochen zusammensetzt, harmonisch in das barocke Raumgefüge zu integrieren. Erst bei genauerem Hinsehen und im Vergleich mit den originalen barocken Seitenaltären erschließt sich dem Betrachter, dass die Schöpfung von 1936/38 etwas von der farbenprächtigen Bewegtheit, die einem barocken Hochaltar geziemt, vermissen lässt.

*K*ißlegg verfügt über eine stattliche Anzahl an Kapellen, zu deren schönsten Exemplaren die Friedhofskapelle St. Anna am nordwestlichen Stadtrand zählt. Sie befindet sich im Besitz des fürstlichen Hauses Waldburg-Wolfegg, zu dessen Eigentum auch das »Alte Schloss« mit seinem markanten Satteldach und seinen imposanten Rundtürmen gehört.

♦ Die Friedhofskapelle am nordwestlichen Stadtrand ist der heiligen Anna geweiht.

Der Kirchenraum ist von heiterer festlicher Stimmung und fröhlich bunter Lebendigkeit. Zarte Stuckaturen in Form von Blumengirlanden, Muscheln, Schweif- und Bandwerk begleiten die perspektivisch fein ausgearbeiteten Deckenfresken, die auf den Maler Franz Anton Erler und seinen Gesellen Benedikt Gambs zurückgehen und unter anderem »Die Aufnahme der heiligen Kommunion bei den Menschen«, das Marien- und das Josefsleben thematisieren.

Als die Kapelle zwischen 1718 und 1719 nach Entwürfen von Johann Georg Fischer errichtet und schließlich 1723 geweiht wurde, befand sich der örtliche Gottesacker noch im Zentrum von Kißlegg. Erst 1786 wurde er an seinen heutigen Standort bei St. Anna verlegt, wo mittlerweile alle Beisetzungsgottesdienste stattfinden.

Gemessen an der übervollen verschwenderischen Prachtentfaltung anderer Sakral- und Profanbauten jener Zeit präsentiert sich die Friedhofskapelle mit ihren weißen, fast schmucklosen Wänden und den rundbogigen Fenstern, die auf farbige Glasmalereien verzichten, schlicht und bescheiden. Gleichzeitig verleihen der zarte Deckenstuck, die reich bewegten Altäre und die kunstvollen Deckengemälde dem Raum eine feierliche Würde.

Besondere Beachtung verdienen die großartigen Fresken von Cosmas Damian Asam, der zu den wichtigsten Vertretern des Spätbarocks in Deutschland zählt und seinerzeit auch in Wein-

garten tätig war. Seine in zarten Farben gehaltenen Malereien beschäftigen sich mit dem Leben der Namensgeberin der Kapelle. Eine Szene zeigt die heilige Anna, die, still im Gebet versunken, Gott um Mutterschaft bittet. Ihre Bitte wird erhört, und nach zwanzigjähriger kinderloser Ehe erblickt Annas Tochter Maria das Licht der Welt. Das große Deckengemälde im Langhaus stellt Annas Tod dar.

Cosmas Damian Asam, der zu den gefragtesten und gut bezahlten Künstlern jener Epoche zählte, scheint mit der Vergütung, die er für seine Arbeit im Kißlegg erhielt, nicht zufrieden gewesen zu sein. Angeblich empfand er seinen Lohn von 300 Gulden als so unangemessen, dass er ihn aus Verärgerung an die Bewohner des örtlichen Leprosenhauses spendete.

Unter der Empore von St. Anna erinnert eine Gedenktafel an die Kißlegger Gefallenen und Vermissten des Zweiten Weltkrieges, die hier nicht nur namentlich aufgelistet, sondern auch durch Fotografien präsent sind.

◆ Das Altarbild des Hochaltars der St.-Anna-Kapelle stellt Anna Selbdritt mit Josef und Joachim dar.

Etwa sieben Kilometer nordöstlich der Innenstadt befindet sich die Wallfahrtskapelle »Maria, Königin der Engel«, in der die Gebeine des Seligen Ratpero ihre letzte Ruhestätte fanden.

Im 10. Jahrhundert ließ sich Ratpero, der einer Legende zufolge aus thüringischem Adel stammte, auf dem Gebiet des heutigen Kißlegger Ortsteils Rötsee als Einsiedler nieder und erbaute dort eigenhändig eine Kapelle, in der er nach seinem Tod zunächst in einem offenen Sarg beigesetzt wurde. Schon bald entwickelte sich die einstige Wirkungsstätte des Eremiten zu einem Wallfahrtsort, der insbesondere Menschen mit Fuß- und Beinleiden anzog, die sich durch die Berührung von Ratperos sterblichen Überresten Heilung oder zumindest Linderung ihres Gebrechens erhofften. Heute befindet sich das Grab des Einsiedlers an der nördlichen Seitenwand der Wallfahrtskapelle, wo seine Gebeine 1955 in einem Steinsarkophag beigesetzt wurden.

Die Anfänge der Rötseekapelle gehen auf das 11. Jahrhundert zurück. Das ursprünglich als dreischiffige Basilika konzipierte Gotteshaus erfuhr jedoch im Laufe der Jahrhunderte mehrere grundlegende bauliche Veränderungen, wobei der Innenraum 1748 barockisiert wurde.

Die vollkommen schmucklose, fast schon strenge Außenfassade lässt kaum erahnen, welch einzigartiges Kunstwerk den Besucher im Innern erwartet: Der Hochaltar birgt das Gnadenbild von Rötsee, ein kunstvoll geschnitztes spätgotisches Madonnenstandbild, das der Ulmer Schule des aus Reichenhofen gebürtigen Bildhauers, Bildschnitzers und Malers Hans Multscher, zu dessen bekanntesten Werken der

♦ In der Wallfahrtskirche »Maria, Königin der Engel« fanden die Gebeine des Seligen Ratpero ihre letzte Ruhestätte.

»Schmerzensmann« des Ulmer Münsters zählt, zugeschrieben wird.

Im 18. Jahrhundert wurde das »wunderthätige Gnadenbild« dem barocken Geschmack entsprechend überarbeitet. Maria und der Jesusknabe erhielten hohe filigrane Blechkronen und wurden mit heute nicht mehr vorhandenen prächtigen Stoffgewändern ausgestattet. Vermutlich kam es seinerzeit auch zur Abflachung des geschnitzten Mariengewandes, das der barocken Tuchbekleidung im Weg gestanden haben dürfte.

In den 70er-Jahren des 20. Jahrhunderts erfolgte die aufwändige Restaurierung des Gnadenbildes von Rötsee, wobei die »allerseligste Jungfrau« sowie das Jesuskind von allen barocken und späteren Zutaten und Veränderungen befreit wurden. In mühseliger Arbeit gelang es den Restauratoren, Marias gotische Krone und den ursprünglichen Faltenwurf ihres Gewandes zu rekonstruieren, sodass wir das Gnadenbild heute wieder in seiner ganzen Farbenpracht und Schönheit bewundern können.

♦ Blick auf den Hochaltar von »Maria, Königin der Engel« mit dem Gnadenbild von Rötsee, einer spätgotischen Madonna.

Rochuskapelle Wangen

Als 1521 eine Pestepidemie in Wangen zahlreiche Todesopfer forderte, wurde außerhalb der Stadt ein neuer Friedhof angelegt, in dessen Mitte 1592–94 die Rochuskapelle entstand. Rochus von Montpellier wurde nicht von ungefähr als Kapellenpatron ausgewählt, schließlich hatte er der Überlieferung nach zahlreiche Menschen von der Pest geheilt. Auf dem Rückweg von einer Pilgerreise nach Rom erkrankte der Heilige selbst an der Seuche, fand wegen seiner Armut aber keine Aufnahme im Spital. In einer

◆ Die 66 Tafeln der gewölbten Holzdecke stellen das Leben Jesu und der Apostel dar.

◆ Rochus von Montpellier wurde zum Patron der Kapelle erwählt.

einsamen Waldhütte wurde er von einem Engel bis zu seiner Genesung gepflegt und von einem Hund mit Brot versorgt. Daher wird Rochus gemeinhin als Pilger dargestellt, der durch eine Pestbeule am Oberschenkel gezeichnet ist. Seine weiteren Attribute sind ein Hund, der Brot im Maul hält, und eine Salbenbüchse.

Der Gottesacker, der von einer Mauer umfasst wird, erhielt, nachdem er aufgegeben worden war, die Bezeichnung »Alter Friedhof«. Dort blieben zahlreiche historisch interessante Grabdenkmäler und Gedenktafeln aus dem 17. und 18. Jahrhundert erhalten, die allerdings durch Wind und Wetter im Laufe der Zeit teilweise stark in Mitleidenschaft gezogen wurden. Der Wangener Altstadt- und Museumsverein, der ganz wesentlich dazu beitrug, dass die Rochuskapelle in den 90er-Jahren des letzten Jahrhunderts renoviert werden konnte, engagiert sich für den Erhalt der Anlage, deren Sanierungskosten auf rund 1,3 Millionen Euro veranschlagt werden.

Im Zentrum des »kulturhistorisch überregional bedeutenden Ensembles« befindet sich die äußerlich schlicht gestaltete Rochuskapelle, die 1596 zu Ehren »Unserer Lieben Frau« geweiht wurde. Zu den schönsten Schätzen der liebenswerten Gottesackerkapelle zählen die Rosenkranzmedaillons aus der legendären Schule des Bildhauers Hans Zürn d. J. Die farbigen, bis ins kleinste Detail fein ausgearbeiteten Reliefdarstellungen, die 1622 entstanden, entstammen der St.-Martinskirche im Herzen der Altstadt, deren Ursprünge weit ins Mittelalter zurückgehen.

Aus der Entstehungszeit der Rochuskapelle, die uns bei aller Schlichtheit erst im Innern ihre ganze Schönheit präsentiert, stammen die 66 Tafeln der gewölbten Holzdecke von 1598, deren Malereien neben Wappendarstellungen das Leben Jesu und der Apostel thematisieren. Die Bilder, die von einem unbekannten Künstler stammen, sind in einer so allgemein verständlichen Sprache gehalten, dass sich ihr Inhalt auch all jenen erschließt, die des Lesens nicht mächtig sind – und das galt vor mehr als vierhundert Jahren für die große Mehrheit der Bevölkerung. Aus diesem Grund erinnern die Malereien etwas an die Darstellung der biblischen Geschichte in so genannten Bilderbibeln.

Ein kulturhistorisch überregional bedeutendes Ensemble

◆ Schmückender Abschluss des Zwiebeltürmchens.

Wangen 177

Benediktinerabtei Isny

Die ehemalige Reichsstadt Isny an der Hauptroute der Oberschwäbischen Barockstraße ist ein landschaftlich reizvoll gelegener Kurort im Westallgäu, der neben Naturschönheiten, herrlichen Wanderwegen und guten Wintersportmöglichkeiten eine Vielzahl baulicher Schmuckstücke bietet. Neben dem Rathaus und dem Schloss zählen die heute evangelische Nikolaikirche mit ihrem bemerkenswerten Bibliotheksraum und die nunmehrige katholische Pfarrkirche St. Jakob und Georg zu den schönsten Sehenswürdigkeiten der Stadt.

1042 stifteten Wolfrad und Hiltrud von Altshausen der seinerzeit noch bescheidenen Siedlung eine Kirche, die Jakobus dem Älteren geweiht wurde. 1096 ermöglichte eine weitere Stiftung der Familie, deren berühmtester Spross der legendäre mittelalterliche Universalgelehrte Hermann der Lahme ist, die Gründung eines Benediktinerklosters, das mit Mönchen aus Hirsau besiedelt wurde.

♦ Deckenfresko »Stiftung und Bau des Klosters« von Hans Michael Holzhey.

Isny 179

Dem Benediktinerkloster St. Georg, das über Besitzungen im Allgäu sowie in der Gegend von Riedlingen und Saulgau verfügte, war es nicht beschieden, dauerhaft in den Kanon der großen Abteien wie Ochsenhausen, Wiblingen und Schussenried aufzusteigen. Der Entstehungszeit folgte zwar eine Phase der Blüte, die allerdings nicht lange anhielt. Einem schweren Brand 1284 folgte eine entsetzliche Pestepidemie, der 1350 fast der gesamte Konvent zum Opfer fiel.

Nicht nur äußere Einflüsse, sondern auch das Nachlassen der klösterlichen Disziplin bestärkten den Niedergang des Westallgäuer Benediktinerklosters, das im 15. Jahrhundert als reformbedürftig angesehen wurde. Dank der Unterstützung anderer oberschwäbischer Benediktinerklöster konnten die Isnyer Mönche jedoch unter Abt Philipp von Stein, der 1501 die strenge Klausur wieder einführte, auf den Pfad der klösterlichen Tugend zurückgeführt werden.

Doch schon wenige Jahre später brachte die Reformation neue Bedrängnisse. Die Reichsstadt Isny, in der der Reformator Paul Fagius wirkte, zählte zu den Zentren der Reformation in Oberschwaben und wurde bereits 1529 protestantisch, während ihre Umgebung katholisch blieb. In diesem Spannungsfeld hatte das Benediktinerkloster keinen leichten Stand. Die Klosterkirche, die nun zur Pfarrkirche der »Alt-

♦ St. Jakobus und Georg gilt als »Rokokoperle des Westallgäus«.

gläubigen« aus dem Umland wurde, erfuhr 1534 einen Bildersturm durch Isnyer Einwohner. Fast gleichzeitig erlitt das Benediktinerkloster durch die Abtretung seiner Nikolaikirche, die seit der Reformation als evangelische Pfarrkirche dient, einen weiteren herben Verlust.

Nachdem die mittelalterlichen Klosterbauten bei einem verheerenden Stadtbrand, der 1631 weite Teile Isnys zerstörte, ein Raub der Flammen geworden war, ermöglichte eine Erbschaft deren Wiederaufbau in der zweiten Hälfte des 17. Jahrhunderts. Unter Abt Alfons Torelli, der zuweilen auch als »zweiter Gründer Isnys« bezeichnet wird, erlebte das Kloster alsbald nochmals eine Hochphase, die durch künstlerische und wissenschaftliche Leistungen geprägt wurde.

Nach der Säkularisation gingen sowohl die ehemalige Reichsstadt als auch das Benediktinerkloster in den Besitz der Grafen von Quadt-Wykradt über, welche die Klosterbauten nun zum Schloss umfunktionierten. 1942 erwarb die Stadt Stuttgart das gräfliche Schloss, das vorübergehend von der Hitlerjugend genutzt wurde, ehe dort ein Altersheim einzog, das zusammen mit einer geriatrischen Klinik bis 1996 in den altehrwürdigen Räumlichkeiten verblieb.

Die Klosterkirche St. Georg und Jakobus, die seit der Säkularisation von der katholischen Gemeinde als Pfarrkirche genutzt wird, zeigt sich von außen relativ unscheinbar. Erst im Innenraum entfaltet die 1661 bis 1664 nach den Plänen der Brüder Giulio und Pietro Barbieri aus Graubünden errichtete dreischiffige Hallenkirche ihre volle Wirkung. Die ebenso prächtige wie zugleich zurückhaltende Ausschmückung geht auf die Mitte des 17. Jahrhunderts zurück. Die Wessobrunner Stuckatoren Johann Georg und Matthäus Gigl setzten mit ihren feinen, fast schon filigranen Stuckarbeiten einen bewegten Akzent, der in den farbkräftigen Deckenmalereien Hans Michael Holzheys, die unter anderem die Klosterstiftung und den Klosterbau thematisieren, seine würdige Entsprechung findet.

◆ Die Seitenaltäre entstanden um 1725.

Praktische Hinweise

Das Ulmer Münster
Münsterplatz 21
89073 Ulm
www.ulmer-muenster.de
Öffnungszeiten:
täglich 9 bis 16.45 Uhr (Winter)
bzw. 19.45 Uhr (Sommer).

Pauluskirche Ulm
Frauenstraße 110
89073 Ulm
www.pauluskirche-ulm.de

Benediktinerabtei Wiblingen
Schlossstraße 38
89079 Ulm
www.kloster-wiblingen.de
Öffnungszeiten:
Basilika St. Martin:
täglich 9 bis 17 Uhr (Winter)
bzw. 18 Uhr (Sommer).
Museum im Konventbau:
Dienstag, Sonntag und Feiertag
10 bis 17 Uhr (Sommer)
bzw. Wochenende und Feiertag
13 bis 17 Uhr (Winter).

Pfarrkirche zum heiligsten Namen Jesu Oberdischingen
Hauptstraße 1
89610 Oberdischingen
www.oberdischingen.de

Pfarrkirche St. Peter und Paul Laupheim
Kirchberg 17
88471 Laupheim
www.laupheim.de

Friedhofskapelle St. Leonhard Laupheim
Ulmer Straße
88471 Laupheim
www.laupheim.de

Pfarrkirche St. Martin Dietenheim
89165 Dietenheim
www.dietenheim.de

Pfarrkirche St. Maria und Selige Ulrika und Maria-Schnee-Kapelle Unterstadion
Kirchstraße
89619 Unterstadion
www.unterstadion.de

Die »Bussenkirche« St. Johann Baptist
Zum Bussen 45
88524 Uttenweiler-Offingen
www.uttenweiler.de

Stadtpfarrkirche St. Maria und Martin Biberach
Kirchplatz 1
88400 Biberach
www.biberach-riss.de

Zisterzienserinnen-Reichsstift Gutenzell
88484 Gutenzell-Hürbel
www.gutenzell-huerbel.de

Benediktinerabtei Ochsenhausen
Schlossbezirk 6
88416 Ochsenhausen
www.kloster-ochsenhausen.de
Öffnungszeiten Kirche:
Montag bis Freitag 9 bis
17 Uhr, Samstag 10 bis 12 Uhr
und 13 bis 17 Uhr, Sonntag
und Feiertag 13 bis 17 Uhr
(Sommer).
Klostermuseum:
Dienstag bis Freitag 10 bis
12 Uhr und 14 bis 17 Uhr;
Samstag, Sonntag und Feiertag
10 bis 17 Uhr (Sommer)
bzw. Samstag, Sonntag und
Feiertag 14 bis 17 Uhr.

Prämonstratenserkloster Rot an der Rot
Klosterhof
88430 Rot
www.rot.de